D1671501

Richard Egger **Die philosophische Werkzeugkiste**

Richard Egger

Die philosophische Werkzeugkiste

Praktische Philosophie für Manager

Orell Füssli Verlag

Gedruckt auf umweltfreundliches, chlorfrei gebleichtes Papier

© 1997 Orell Füssli Verlag, Zürich
Umschlagbild: Lina Chesak (SIS Paris)
Druck und Bindearbeiten:
Freiburger Graphische Betriebe, Freiburg i. Brsg.
Printed in Germany

ISBN 3-280-02606 7

–––––––––

Die Deutsche Bibliothek – CIP-Einheitsaufnahme

Egger, Richard:
Die philosophische Werkzeugkiste : praktische Philosophie für Manager / Richard Egger. -
Zürich : Orell Füssli, 1997
ISBN 3-280-02606-7

Inhalt

Vorwort

Philosophie für Führungskräfte: Schöngeistige Sonntagsbeschäftigung für Manager im wirtschaftlichen Überlebenskampf? – Da taucht zuerst Skepsis auf. Zwei Fragen liegen nahe: die nach dem Zugang zu einer solchen Disziplin und die nach ihrem Nutzen.

Finden Sie als Laie überhaupt Zugang zur Philosophie? In Ihrem Alltag begegnen sie wohl selten philosophischen Gedankengängen. Philosophie als akademische Disziplin aber setzt dem Nichtfachmann ganz beträchtliche Hürden in den Weg. Die meisten philosophischen Texte sind inhaltlich schwer zugänglich und sprachlich kompliziert. Dieses Buch will eine Brücke schlagen zwischen den zwei unterschiedlichen Welten: zwischen der akademischen und Ihrer Arbeits- und Lebenswelt. Es übersetzt philosophische Gedanken in eine Sprache, die auch der Laie versteht.

Die zweite Frage: Was bringt Philosophie einer Führungskraft? Philosophie versucht seit jeher, die wesentlichen Fragen des menschlichen Lebens zu lösen. In ihrer zweieinhalbtausendjährigen Geschichte hat sie Begriffe, Methoden und Modelle erarbeitet, die jedermann als Werkzeuge bei der eigenen Sinn- und Orientierungssuche dienen können. Vorgesetzte *sind* aber nicht nur Menschen, sie *führen* auch Menschen. Insofern ist für sie die Philosophie doppelt nützlich. Dieses Buch vermittelt Führungskräften die philosophischen Orientierungspunkte, die sie bei der Überprüfung ihres persönlichen und beruflichen Lebens brauchen können.

Philosophie nützt freilich nur dann etwas, wenn sie nicht äusserliches Wissen bleibt, sondern im Menschen selbst verankert ist. Oder wie Immanuel Kant sagt: «Man kann nicht Philosophie, sondern nur philosophieren lernen.» Darum ist dieses Buch weder eine trocken-systematische Darstellung philosophischer Gedanken noch eine Philosophiegeschichte, sondern ein Dialog-Buch. Es lädt Sie eindringlich zum Selber-Philosophieren ein. Damit daraus kein unverbindliches Geplauder über Gott und die Welt wird, sind Leitplanken eingebaut: 1. Der Text vermittelt Ihnen Begriffe und Denkmodelle grosser Philosophen, ich nenne sie «philosophische Werkzeuge». 2. Klare Arbeitsanweisungen, sogenannte «Denkpausen», leiten Sie bei Ihrem Philosophieren an.

Daraus ergibt sich auch der Aufbau des Buches. Die ersten zwei Kapitel legen dar, was Philosophie ist und was sie einer Führungskraft heute bieten kann. Die Kapitel 3 bis 10 behandeln einzelne philosophische Themen mit engem Bezug zu Ihrem beruflichen und privaten Leben. Die letzten beiden Kapitel schliesslich sollen Ihnen zeigen, wie Sie die gewonnenen Einsichten in Ihrem Betrieb, in Ihrer Abteilung umsetzen und auch für Ihre Mitarbeiter fruchtbar machen können. Abschliessend gibt Ihnen ein kommentiertes Literaturverzeichnis Hinweise zur weiteren Beschäftigung mit der Philosophie.

Dieses Buch über die praktische Philosophie eröffnet eine Reihe unter dem Titel «Philosophie für Führungskräfte». Autor und Verlag bereiten einen Band über Ethik und einen über Logik vor.

Ich danke meinem Freund Paul Truttmann für die vielen kritisch-aufbauenden Gespräche. Unser fortgesetzter Diskurs, der nicht allein, aber auch diesem Buch galt, hat mich sehr bereichert und ermutigt. Meiner Frau Beate danke ich ebenfalls ganz herzlich. Mit ihr konnte ich nicht nur alle meine Ideen teilen, sie hat mich auch stets wohltuend bei meinem Projekt unterstützt.

Steinhausen, im Februar 1997   *Richard Egger*

1. Philosophie als Diskurs – Das vernunftgeleitete Gespräch über Lebensfragen

Was heisst eigentlich Philosophie? – Das Wort wird heute ziemlich bedenkenlos gebraucht: «Philosophieren» nennt man grüblerisches Nachdenken. Politiker proklamieren die «Philosophie» ihrer Partei. Firmen reden von ihrer «Unternehmensphilosophie». Und sogar Fussballtrainer coachen ihre Spieler nach ihrer «Trainingsphilosophie». – Hat auf der andern Seite nicht jeder Mensch eine «Philosophie»? Denkt nicht jeder über die wichtigen Fragen des Lebens nach und hat darum seine eigene Weltanschauung, die er dann «Philosophie» nennen könnte?

Ein Buch, in dessen Titel das Wort vorkommt, muss also zuerst definieren, was darunter zu verstehen ist. Das geschieht in diesem ersten Kapitel.

 **Bitte überlegen Sie sich, wie Sie Philosophie definieren würden.**

Das Wort Philosophie stammt aus dem Altgriechischen und heisst soviel wie «Liebe zur Weisheit». Der Philosoph ist also ein Mensch, der danach strebt, weise zu werden. Wie wird einer weise? Die naheliegende Antwort lautet: durch Nachdenken.

Gewiss, zur Weisheit gehört auch eine lange Erfahrung, aber sicherlich wird nicht jeder weise, der viel erfahren hat. Alte – und somit erfahrene – Menschen, die jeder Weisheit entbehren, gibt es zur Genüge. Erst wenn einer mit seiner Erfahrung auch konstruktiv umgeht, sie auf eine bestimmte Weise verarbeitet, das heisst, wenn er entsprechend nachdenkt, könnte er so etwas wie Weisheit erreichen. Der Philosoph ist also ein Denker.

Das reicht aber noch nicht. Denn was nützt das Denken, wenn es nicht in irgendeiner Weise geäussert wird. Philosophen kennen wir, weil sie ihre Gedanken niedergeschrieben haben oder weil sie ihre Einsichten mündlich unter die Menschen gebracht haben. Vor allem in den Anfängen der Philosophiegeschichte sind die Denker unters Volk gegangen und haben das Gespräch mit ihm gesucht. Es gibt sogar Philosophen, die nichts von ihren Gedanken niedergeschrieben haben. Sie sind der Nachwelt allein durch die Vermittlung ihrer Schüler überhaupt bekanntgeworden: Sokrates und Konfuzius zum Beispiel. Umgekehrt sind fast alle philosophischen Gedanken nur durch die Auseinandersetzung der Denker mit ihren Vorgängern oder Zeitgenossen zustande gekommen. Kurz: Philosophie ist grundsätzlich kommunikativ angelegt, Philosophieren bedeutet, mit andern Menschen ins Gespräch kommen.

Selbstverständlich ist nicht jedes Gespräch auch schon philosophisch. Es kommt darauf an, *worüber* geredet wird, noch mehr aber, *wie* geredet wird.

Womit befasst sich Philosophie?

Stellen Sie sich bitte folgende drei Gespräche vor:

1. Sie stellen Ihren Mitarbeiterinnen und Mitarbeitern den Geschäftsbericht des vergangenen Jahres vor. Sie erläutern Geschäftsgang und Jahresabschluss mit Erfolgsrechnung und Bilanz. Auch auf die Zukunftsaussichten werfen Sie einen Blick. Gelegentlich stellt eine Mitarbeiterin oder ein Mitarbeiter eine Frage, die Sie natürlich gern beantworten.

2. Sie unterhalten sich mit einem guten Freund über Ihre Zukunftspläne, haben Sie doch vor, sich beruflich zu verändern und eine neue Herausforderung anzunehmen. Allerdings zweifeln Sie am Gelingen des Projekts, und Sie fragen sich auch, ob Sie Ihrer Familie den Ortswechsel und die knapper werdende Freizeit zumuten können. Ihr Freund geht auf Ihre Befürchtungen ein, beleuchtet Ihre Gedanken von einer anderen Seite, fragt Sie auch, ob das Vorhaben Ihrem Lebensplan entspricht.

3. Auf einer Party plaudern Sie mit einem flüchtigen Bekannten über Ihr Hobby. Sie sind leidenschaftlicher Bergsteiger und schwärmen von Ihren Touren auf die höchsten Gipfel der Alpen. Der Bekannte hört gebannt zu, nimmt Anteil an Ihren Erlebnissen und sieht schliesslich den Moment gekommen, auch auf sein Steckenpferd, das Golfspiel, ein Loblied zu singen.

Welches der drei Beispiel-Gespräche könnte nach Ihrer Meinung ein philosophisches sein?

Das erste Gespräch ist bestimmt kein philosophisches. Es geht ja, auch wenn es zum Teil im Dialog geschieht, bloss um die Weitergabe von Informationen. Diese stehen fest, ihre Richtigkeit kann nicht diskutiert werden, sie sind wahr. Das dritte Beispiel würden Sie wohl auch nicht als philosophisches Gespräch betrachten. Auch hier werden «Informationen» weitergegeben, aber nicht solche, die entweder wahr oder falsch sind. Über diese Aussagen kann man darum nicht diskutieren, weil sie weder wahr noch falsch sind. Vielmehr sind sie sozusagen Bekenntnisse zu bestimmten Vorlieben und Neigungen.

Wie steht es mit dem zweiten Beispiel? – Vielleicht neigen Sie zur Antwort, das könnte ein philosophisches Gespräch sein oder eines werden. Es werden ja Lebensfragen angesprochen, man wägt ab, sucht Gründe und Gegengründe, stellt Fragen, ohne dass die Antwort sogleich mit Sicherheit feststünde.

Die drei Beispiele zeigen, womit es Philosophie nicht zu tun hat und womit sie allenfalls zu tun haben kann. Philosophieren ist dort unmöglich, wo bereits Gewissheit herrscht, aber auch dort, wo es gar nicht um Meinungen geht, die wahr oder falsch sein können, sondern um subjektive Neigungen oder Gefühle. Anders gesagt, ein philosophisches Gespräch macht keinen Sinn bei Aussagen,

- die mit Sicherheit entweder wahr oder falsch sind,
- die weder wahr noch falsch sind.

Gegenstand des Philosophierens kann hingegen alles werden, was zwischen diesen beiden extremen Möglichkeiten liegt. Philosophieren kann man über Gedanken und Aussagen, die nicht mit Gewissheit entschieden sind, zu denen es aber Gründe und Gegengründe gibt. Philosophie ist dort möglich, wo nicht

Gewissheit oder Beliebigkeit herrscht, sondern Zweifel und Vermutung. Ob der Satz des Pythagoras wahr ist oder nicht, darüber können Sie nicht philosophieren. Auch nicht darüber, ob Pizza oder Spaghetti besser schmecken. Wohl aber darüber, ob es einen Sinn im Leben geben kann.

	Philosophie	
Gewissheit	Mutmassung	Belieben
sicher wahr oder sicher falsch	entweder wahr oder falsch	weder wahr noch falsch
Beispiele: • Mathematische Sätze • Viele wissenschaftliche Erkenntnisse	Beispiele: • Richtiger Umgang mit Menschen • Gerechtigkeit	Beispiele: • Lieblingskomponist • Sympathie und Antipathie

Mit all dem, was als wissenschaftlich gesichert gelten darf, aber auch mit all dem, was lediglich dem persönlichem Belieben überlassen werden muss, beschäftigt sich die Philosophie nicht. Wohl aber mit allem andern, und das ist wahrhaftig viel. Vor allem gehören all die Fragen dazu, die uns und unser Dasein wesentlich betreffen, die sogenannten Lebensfragen, die man ja üblicherweise auch ins Feld der Philosophie verweist.

Was philosophisch hinterfragt werden kann, hängt somit auch davon ab, was man als gesichertes Wissen gelten lässt. Kann man dies zum Beispiel von wissenschaftlichen Erkenntnissen sagen? Sie werden dazu neigen, die Frage zu bejahen.

Doch selbst da ist Vorsicht geboten: Man denke etwa daran, dass auch wissenschaftliche Erkenntnisse immer wieder über den Haufen geworfen werden mussten, dass Wissenschaftler selbst häufig über Grundsatzfragen ihres Fachgebiets streiten oder dass die Aussagen verschiedener Wissenschaften auch als unterschiedlich zuverlässig gelten. Wissenschaftliche Erkenntnis ist denn auch eines der grossen Themen in der philosophischen Tradition gewesen.

> Philosophieren kann man über alles, was entweder wahr oder falsch, aber noch nicht entschieden ist.

Was heisst Philosophieren?

Damit ist gesagt, *womit* sich Philosophie befassen kann. Das reicht aber noch nicht. Vielmehr gewinnt das Philosophieren seine Besonderheit erst durch die Regeln, nach denen ein philosophisches Gespräch verläuft. Ob der Dialog von Beispiel 2 philosophisch genannt werden kann, hängt davon ab, wie Sie mit Ihrem Freund reden.

Die deutschen Philosophen Karl Otto Apel (*1922) und Jürgen Habermas (*1929) haben eine Theorie des philosophischen Gesprächs entwickelt, das sie Diskurs nennen. Apel argumentiert folgendermassen: Wer immer einen sinnvollen Gedanken äussert, setzt damit schon voraus, dass er an einer Interaktion teilnimmt, in der bestimmte Spielregeln gelten. Dazu gehören zum Beispiel die Bereitschaft, mitzudenken, Gesagtes zu prüfen, zuzustimmen, wenn es überzeugt, und anderes mehr. Sonst würde es nämlich gar keinen Sinn machen, die eigenen Gedanken überhaupt andern mitzuteilen. Ich nehme das Modell des Diskurses als Basis meiner Philosophie-Definition und erweitere es durch zusätzliche Aspekte aus der philosophischen Tradition.

In einem philosophischen Dialog, einem Diskurs also, spielt die Vernunft die entscheidende Rolle. Wer am Diskurs teilnimmt, beruft sich auf sie, richtet sich an ihr aus, beugt sich ihren Gesetzen. Philosophie als Diskurs beinhaltet folgende Prinzipien:

1. Philosophie ist die *rationale Auseinandersetzung zwischen freien Menschen:* ein Gespräch nach den Spielregeln der Vernunft. Das heisst in erster Linie: Macht oder Indoktrination haben keinen Platz, sondern das *bessere Argument zählt,* weil es überzeugt. Es gibt keinen Zwang als allein den «eigentümlich zwanglosen Zwang des besseren Arguments» (Habermas).

2. Das Ziel dieser Auseinandersetzung besteht darin, der Wahrheit möglichst nahe zu kommen oder zumindest einen *Konsens* zu erreichen.

3. Teilnehmen kann am Diskurs grundsätzlich *jeder* Mensch. Denn jeder bringt von Natur aus die Voraussetzung dafür mit: seine Vernunft.

4. Die Diskursteilnehmer müssen allerdings *kooperationsbereit* sein. Das heisst, sie müssen erstens Gutwilligkeit und zweitens Wahrhaftigkeit mitbringen. *Gutwilligkeit* heisst die Bereitschaft, das bessere Argument anzuerkennen, *Wahrhaftigkeit* bedeutet die Absicht, das zu meinen, was man sagt.

5. Ferner müssen Ihre Gesprächsbeiträge sprachlich *verständlich* und *logisch korrekt* sein. Sie müssen ja für andere nachvollziehbar und nachprüfbar sein.

6. Es gibt keine Dogmen, keine Tabus und keine Behauptungen, die nicht prinzipiell kritisch *hinterfragt* werden können.

7. Trotzdem können Erkenntnisse Geltung haben und brauchbar sein. Denn es gibt *Einsichten,* denen sich kein wohlwollender und konstruktiver Gesprächsteilnehmer verschliessen kann. So können etwa gewisse für unsere Wahrnehmung offenkundige Tatsachen oder bestimmte Grundsätze der Ethik nicht ernsthaft bestritten werden.

8. Ganz wesentlich ist, was dabei mit der Sprache geschieht: Im Diskurs werden Bedeutungen von *Sätzen und Begriffen geklärt* – die eigenen und die fremden. Und indem sich die Begriffe klären, klärt sich auch die Sache.

9. Während die Einzelwissenschaften ihre Gegenstände aus ihrer je eigenen Optik untersuchen, stellt sich die Philosophie über die verschiedenen Einzelperspektiven und versucht sie zu verbinden: Sie ist *integratives* Wissen.

10. Sie erstrebt ausserdem immer auch ein Wissen, das mit dem eigenen Handeln im Einklang steht: *verantwortetes* Wissen.

11. Obwohl sich die Philosophie mit allem befassen kann, verliert sie doch nie den *Menschen als ganzen* (und die ganze Menschheit) aus den Augen: Einzelne Fragen müssen immer

auch vor dem Hintergrund des Wesentlichen gesehen werden: des gelungenen Lebens.

12. So ist Philosophie zwar nicht Weisheit, der Philosoph nicht der Weise. Wohl aber strebt sie danach, diesem *Ideal* möglichst nahe zu kommen. Allerdings weiss sie auch, dass sie es nie erreichen wird.

Man kann die Philosophie insgesamt als Diskurs verstehen: als aktuellen Diskurs von lebenden Zeitgenossen und als Diskurs der Philosophiegeschichte über die Generationen hinweg; als realen mündlichen Diskurs und als schriftlichen Diskurs durch philosophische Texte.

Auf eine kurze Formel gebracht:

Philosophie heisst Diskurs: das vernunftgeleitete Gespräch zwischen freien Menschen mit dem Ziel, der Wahrheit möglichst nahe zu kommen oder zumindest einen Konsens zu finden.

Abgrenzungen

Um diese Definition der Philosophie noch klarer zu machen, treffe ich drei Abgrenzungen:

1. Was der Volksmund unter Philosophie versteht – die eigene Weltanschauung, die politische Meinung oder die strategischen Prinzipien eines Unternehmens –, ist nicht dasselbe

wie Philosophie als wissenschaftliche Disziplin, die auf eine zweieinhalbtausendjährige Tradition zurückblickt:

Philosophie als Wissenschaft unterscheidet sich von «Philosophie» im umgangssprachlichen Sinn durch die Spielregeln des Diskurses.

2. Philosophie ist aber zugleich eine spezielle Wissenschaft. Historisch gesehen war sie zwar ursprünglich (bei den Griechen) gleichbedeutend mit Wissenschaft; und aus ihr heraus haben sich alle Einzelwissenschaften gebildet. Was übrigblieb, ist aber mehr als ein leeres Gerüst: Die Philosophie wahrt die Verbindung zwischen den Einzelwissenschaften, blickt aufs Ganze und weigert sich, ihre Perspektive auf einen Bereich zu beschränken.

Gegenstand der Einzelwissenschaften sind bestimmte Wirklichkeitsbereiche: für die Biologie das Lebendige, für die Physik die unbelebte Materie, für die Psychologie die Seele. Gegenstand der Philosophie aber kann alles sein, worüber man argumentativ reden kann. Vor allem gehören natürlich die Themen dazu, die den Zuständigkeitsbereich einer einzelnen Wissenschaft überschreiten.

Die Einzelwissenschaften definieren sich durch ihren Gegenstandsbereich – Philosophie versucht das Ganze im Blick zu behalten.

3. Philosophie liegt natürlich nicht nur in Dialogform vor. Trotzdem lassen sich ihre Werke, geschrieben von Autoren

verschiedenster Zeiten und Kulturen, als Dialog verstehen: als Dialog des Lesers mit dem Autor, des Autors mit dem imaginären Leser, der Autoren mit ihren Vorgängern. In jedem Fall gelten die Regeln des Diskurses.

Die Philosophie hat in ihrer langen Geschichte immer wieder ähnliche Fragen aufgeworfen. Die Denker haben darauf Antworten gegeben; ihre Nachfolger haben sie oft wieder verworfen. Und bis heute gibt es keine endgültigen Antworten auf die entscheidenden Fragen: Was können wir wissen? Was sollen wir tun? Was ist der Mensch? Was ist der Sinn des Lebens?

Und dennoch ist das nicht bedeutungslos, was Philosophen vor uns gedacht haben. Es ist so substantiell, dass es sich allemal lohnt, sich damit auseinanderzusetzen. Der Dialog mit früheren Denkern kann uns entscheidend weiterbringen. Unsere Antworten aber müssen wir selber finden.

Philosophie findet also auf zwei Ebenen statt:

> Philosophie ist das Repertoire an Gedanken, das Philosophen schriftlich überliefert haben. – Philosophieren ist die eigene Auseinandersetzung mit philosophischen Fragen.

Philosophische Werkzeuge

Die Philosophie hat im Lauf ihrer Geschichte ein immenses Repertoire an Gedanken entwickelt. Immer wieder werden in diesem Buch solche Gedanken vorgestellt – philosophische Splitter gewissermassen.

Sie sind nicht sakrosankt, sondern Vorschläge. Man kann sie

prüfen; man kann ihnen zustimmen oder sie ablehnen; und vor allem kann man mit ihnen arbeiten. Vielleicht zuerst einmal provisorisch; vielleicht müssen sie modifiziert werden; vielleicht stellen sie aber auch ihre Brauchbarkeit unter Beweis; und im besten Fall helfen sie uns, unsere Lebenspraxis mit andern Augen zu sehen.

Weil man mit ihnen arbeiten kann, nenne ich sie «philosophische Werkzeuge». Sie werden grafisch speziell hervorgehoben. Wo immer also

- Begriffsdefinitionen
- Thesen
- Modelle
- Gedankengänge

aus der philosophischen Tradition vorgestellt werden, tauchen sie in dieser Form auf:

«Philosophische Werkzeuge».

Teilbereiche der Philosophie

In der Tradition haben sich verschiedene Teilbereiche der Philosophie herausgebildet. Sie beschäftigen sich mit jeweils einem bestimmten Problemkreis, ohne dabei den Bezug zu den andern zu verlieren. Die meisten Philosophen haben sich denn auch mit mehreren oder gar allen Teilbereichen befasst:

	Thema	*Beispiele für Fragestellungen*
Erkenntnis-theorie	Erkenntnis	Was können wir wissen? Wann ist eine Aussage wahr? Wie ist der menschliche Erkenntnisapparat struktu-riert?
Logik	Die Form des Denkens	Wann ist ein Gedankengang in sich wahr? Wie lässt sich die Struktur des Denkens beschreiben?
Metaphysik	Das «Über-Natürliche»	Was steckt hinter den sichtbaren Erscheinungen der Welt? Gibt es Gott, Freiheit, Unsterblichkeit?
Ethik	Das moralisch gute Handeln	Wie sollen wir handeln? Wie können wir gerecht zusammenleben? Lässt sich ein allgemein-gültiges Moralprinzip begründen?
Praktische Philosophie	Das gute Leben	Wie findet der Mensch zu einem erfüllten Leben? Worin besteht das Glück? Was ist der Sinn des Lebens?

Anthropologie	Der Mensch	Was ist der Mensch? Was unterscheidet ihn vom Tier?
Ästhetik	Das Schöne/ die Kunst	Was ist schön und geschmackvoll? Was ist Kunst?

Eine Bemerkung noch zur praktischen Philosophie. Ursprünglich gehörte zu ihr alles, was mit dem menschlichen Handeln zu tun hatte. Aristoteles zum Beispiel zählte zu ihr auch die Ethik, die Rhetorik und die Politik. Praktische Philosophie befasste sich mit dem, was *sein soll*. Die theoretische Philosophie beschrieb dagegen, was *ist*.

Mit der Zeit hat sich aber insbesondere die Ethik als eigenständige Disziplin von der praktischen Philosophie gelöst. Die Ethik wird heute zumeist als Moralphilosophie verstanden, welche die Grundsätze des sittlich richtigen Handelns untersucht. Praktische Philosophie hingegen betrachte ich in diesem Buch als Philosophie des guten, erfüllten Lebens. Praktische Philosophie und Ethik gehören also nach wie vor eng zusammen. Aber die praktische Philosophie betont eher das Sinngerichtete, die Ethik mehr das Moralische des Handelns. Die praktische Philosophie hat mehr den einzelnen im Auge, die Ethik eher die Gemeinschaft.

2. Philosophie für Führungskräfte – Ein Angebot auf eine Nachfrage

Im ersten Kapitel wurde die Philosophie-Konzeption entwickelt, von der dieses Buch ausgeht. Sein Titel verspricht, dass Philosophie Führungskräften etwas Brauchbares anzubieten hat. Was also kann Philosophie Managerinnen und Managern, Abteilungsleiterinnen und -leitern, Unternehmerinnen und Unternehmern für die Bewältigung ihrer Aufgaben und für die Gestaltung ihres Lebens offerieren? Auf den ersten Blick scheint sie sich doch, jedenfalls wie sie der Volksmund versteht, für die Bewältigung konkreter strategischer und operativer Aufgaben in der harten wirtschaftlichen Realität wenig zu eignen.

Ist das wirklich so? Oder kann Philosophie Führungskräfte bei der Lösung der Probleme unterstützen, die sich ihnen heute stellen? Das müssen Sie natürlich selbst in Erfahrung bringen, indem Sie weiterlesen – und die gewonnenen Einsichten im Berufsalltag umsetzen. Hingegen soll das Versprechen des Buchtitels in diesem Kapitel mindestens erläutert und begründet werden, und zwar durch die Antwort auf folgende vier Fragen:

1. Welche Qualitäten braucht eine Führungskraft heute?
2. Was kann Philosophie zur Förderung dieser Qualitäten beitragen?
3. Welches Konzept ergibt sich daraus für dieses Buch?
4. Wie können Sie dieses Buch lesen?

Die Nachfrage

Welche Qualitäten muss eine Führungspersönlichkeit in der gegenwärtigen Situation mitbringen? Dass sich heute grosse wirtschaftliche und gesellschaftliche Änderungen abspielen, ist jedermann bekannt. Ein paar Stichworte genügen:

- Die «Deregulierung» und die «Globalisierung» der Märkte verstärken den Konkurrenzdruck ganz erheblich.

- Darauf reagieren die Unternehmen mit «Umstrukturierungen» und «Verschlankung».

- Dies heisst einerseits, dass Organisationsstrukturen verändert und «Hierarchien verflacht» werden. Andererseits sind dadurch aber auch Arbeitsplätze bedroht, und zwar nicht nur in Einzelfällen, sondern für ganze Belegschaften und bis in die oberen Kaderstufen hinein.

- Ganz allgemein ist das wirtschaftliche Klima kälter geworden, der Wind weht schärfer, und der Druck hat zugenommen.

- Auch geht die allmähliche Umwandlung der Industriegesellschaft in eine Dienstleistungsgesellschaft weiter.

- Vielleicht auch deshalb haben andererseits viele Unternehmer und Kaderleute erkannt, dass die menschlichen Produktionsfaktoren bisher zu wenig beachtet wurden: Vor allem Dienstleistungsbetriebe, aber auch andere Organisationen sind darauf angewiesen, das menschliche Potential ihrer Mitarbeiterinnen und Mitarbeiter besser zu nutzen.

- Das kann zum Beispiel durch Ausbau der Teamarbeit, durch bessere Motivation, durch gezieltere Fortbildung oder durch Organisationsentwicklung erreicht werden.

- Gleichzeitig ist man vielerorts zur Überzeugung gelangt, dass andere Führungsprinzipien dem Unternehmen langfristig besser dienen: der autoritäre Führungsstil muss einem partnerschaftlichen Platz machen.

- Gefragt sind dabei – bei Kaderleuten wie bei Mitarbeiterinnen und Mitarbeitern – in erster Linie die sogenannten «Schlüsselqualifikationen»: kommunikative Kompetenz, Teamfähigkeit, Ich-Kompetenz.

- Aber auch ausserhalb der Wirtschaft, in der Gesamtgesellschaft und in der Politik, bewegt sich viel. Zukunftshoffnungen und Zukunftsängste aller Art sind da. Man denke nur an den politischen Zusammenschluss Europas, die Vermischung der Kulturen, die weltweite Datenvernetzung, die neuen sozialen Probleme, die Verschmutzung der Erde und vieles mehr. Ob man nun lieber den Verfall der Werte beklagt oder die Segnungen neuer Technologien preist – viel verändert sich allemal.

Führungskräfte spielen vor diesem Hintergrund eine ganz besondere Rolle. Sie sind zunächst Zeitgenossen und damit von all den Veränderungen auch als Menschen und als Arbeitnehmer direkt betroffen. Darüber hinaus aber führen sie andere Menschen. Sie müssen mit ihnen konstruktiv umgehen, sie motivieren und unterstützen, ihre Ängste auffangen und ihre Fähigkeiten fördern und dabei noch das Unternehmensziel realisieren können.

Führungskräfte haben also besonders nötig, was man «Schlüsselqualifikationen» nennt: Da braucht es Besonnenheit, um nicht vorschnell jedem Anreiz nachzugeben. Da braucht es Augenmass, um nicht übers Ziel hinauszuschiessen. Da braucht es einen weiten Horizont, um die Dinge richtig einordnen zu können. Da braucht es Orientierungswissen, um sich auch in neuen Situationen zurechtzufinden. Da braucht es Veränderungsbereitschaft, um den Zug nicht zu verpassen. Da braucht es Dialogfähigkeit, um zur konstruktiven Zusammenarbeit einzuladen.

Die Philosophie nennt diese «Schlüsselqualifikationen» Tugenden. Tugend meint eine Befähigung zu einer bestimmten Aufgabe. Dazu gehört zweierlei: Technik und Haltung. Technik bedeutet das Beherrschen des Handwerks, etwa eine kommunikative Technik, die man lernen und einüben kann. Sie allein genügt aber nicht. Irgendwann wird sie versagen, wenn sie nicht einer grundsätzlichen Haltung entspringt. Diese aber kann man nicht einfach antrainieren. Eine Haltung ist in der gesamten Person verankert. Man kann sie sich nur erwerben durch eine fortgesetzte Auseinandersetzung mit sich selber.

> Tugend («Schlüsselqualifikation») heisst zweierlei: eine Technik zur Problemlösung und eine dahinterstehende Haltung. Eines nützt ohne das andere wenig.

Mit einem Wort, was Führungskräfte heute nötig haben, sind nicht einfach Rezepte für dieses oder jenes Problem, auch nicht bloss Verhaltenstechniken für spezielle Situationen. Führungskräfte müssen Persönlichkeiten sein, die als ganze Menschen aus einer inneren Sicherheit heraus verantwortlich handeln.

Denk Pause Bevor Sie weiterlesen, überlegen Sie sich bitte:
1. Von welchen der angesprochenen Veränderungsprozesse sind Sie persönlich direkt betroffen?
2. Welche Probleme stellen sich Ihnen dabei?
3. Welchen Beitrag zur Lösung erwarten Sie von diesem Buch?

Das Angebot

Die Nachfrage nach Fortbildung für Führungskräfte ist gross. Offensichtlich wird dies, wenn man in den Buchhandlungen die Regale für Managementbücher durchstöbert: Die Anzahl der Werke ist beeindruckend, genauso wie die Vielzahl der Theorien und die Mannigfaltigkeit der angesprochenen Themen. Viele dieser Bücher nehmen in Anspruch, *das* Rezept für die Lösung bestimmter Führungsaufgaben zu liefern. Dieses Buch bietet kein Rezept an. Es gibt nämlich keine einfachen Rezepte für Führungskräfte. Dieses Buch versteht sich vielmehr als Dialogangebot. Sie, die Leserin oder der Leser, werden eingeladen, in den Diskurs einzutreten mit mir, dem Autor. Aber nicht nur mit mir, sondern zugleich mit den Denkern der philosophischen Tradition, deren Gedanken hier vorgestellt werden.

Sie erinnern sich an die Unterscheidung, die im ersten Kapitel getroffen wurde, an die Unterscheidung von «Philosophie» (als philosophischer Überlieferung) und Philosophieren (als aktuellem Prozess). Von Immanuel Kant (1724–1804) stammt der bekannte Satz:

> Man kann nicht «Philosophie», sondern nur philosophieren lernen.

Von dieser These bin ich überzeugt, und darauf baut dieses Buch auf. Andernfalls würden Sie jetzt eine akademisch-philosophische Abhandlung oder ein fachphilosophisches Werk lesen. Das wäre dann wieder ein solches Rezept, und wahrscheinlich nicht einmal ein besonders geeignetes. Denn die akademische Philosophie ist in aller Regel sprachlich ebenso schwer zugänglich wie die Texte der Philosophiegeschichte selber. Vielmehr versuche ich mit diesem Buch, massgebende philosophische Gedanken zu übersetzen in eine Sprache, die auch der Nichtfachmann versteht, und die Leserin, den Leser dazu zu veranlassen, selber zu philosophieren. Ein Buch, das nicht zur Philosophie, sondern zum Philosophieren einlädt, entspricht ja auch der Definition der Philosophie als Diskurs, wie ich sie im ersten Kapitel skizziert habe.

Philosophieren als geistige Auseinandersetzung nach den Spielregeln des Diskurses fördert nun aber genau die Qualifikationen, die soeben für Führungskräfte gefordert wurden. Sie setzen sich aktiv mit den Gedanken grosser Philosophen auseinander, beziehen sie auf die eigene Lebenspraxis, überprüfen diese mit Hilfe der «philosophischen Werkzeuge» und klären damit Ihr eigenes Handeln und Ihr Selbstverständnis. So gewinnen Sie eine Besonnenheit und ein Augenmass, erweitern Ihren Horizont, eignen sich ein Orientierungswissen an, üben Veränderungsbereitschaft und verbessern Ihre Dialogfähigkeit.

Gewiss, Philosophieren ist nicht der einzige Weg zur Persönlichkeitsbildung, indem Sie aber dieses Buch gekauft und es mindestens bis hierher gelesen haben, zeigen Sie, dass Sie von diesem Weg einen persönlichen Gewinn erwarten.

Das Konzept

Da dieses Buch kein Philosophielehrbuch ist, sondern ein Gesprächspartner für das Philosophieren, präsentiert es sich nicht nur als Lese-, sondern auch als Denk- und als Dialogbuch. Es versucht, Sie als Leser immer wieder aktiv einzubeziehen, und zwar auf mehrfache Weise:

- Die philosophischen Themen sind ausgewählt im Hinblick auf die Lebenspraxis einer Führungskraft.

- Die Kapitel 3 bis 10 sind den wichtigsten Grundbegriffen der praktischen Philosophie gewidmet (ausser Kapitel 10: «Führung», dies ist kein traditionell philosophischer Begriff, ihm ein Kapitel zu widmen, rechtfertigt sich aber durch die Thematik dieses Buches). Diese Kapitel sind alle identisch aufgebaut:

Ein bestimmtes Problem wird vorgelegt, das in die Fragestellung einführt. Dies geschieht jeweils durch einen

Text unterschiedlicher Form: eine Anekdote, einen Tagebuchauszug, ein Märchen, einen Bericht über ein psychologisches Experiment, eine Kalendergeschichte, den Auszug aus einem Theaterstück, Zitate von Philosophen, einen Ausschnitt aus einer politischen Theorie.

Eine «Denkpause» lädt Sie ein, mit der Lektüre einige Momente innezuhalten und sich selber denkerisch mit dem Problem zu befassen.

Dann folgt ein philosophischer Gedankengang, mit dem Sie Ihre Denkpausen-Gedanken vergleichen können. Er entwickelt die

«philosophischen Werkzeuge»,

mit denen Sie in einer weiteren

«Denkpause» arbeiten, das heisst, sie auf Ihr eigenes Denken, Handeln und Leben oder auf weitere Beispiele beziehen können.

- Das 11. Kapitel fordert Sie auf, die gewonnenen Einsichten umzusetzen in Ihr eigenes Verhalten, und gibt Ihnen dazu Hinweise, vor allem das Konzept des institutionalisierten Diskurses.

- Das 12. Kapitel listet noch einmal die Spielregeln des Diskurses auf, trägt die «philosophischen Werkzeuge» zusammen und stellt Massnahmen zur praktischen Umsetzung des Gelernten zusammen: in Form von Checklisten und Kopiervorlagen.

Wie Sie dieses Buch lesen können

Sie können dieses Buch auf verschiedene Weise lesen:

1. Sie können es einfach *durchlesen,* ohne bei den «Denkpausen» anzuhalten. – Dann werden Sie sicher schon eine Horizonterweiterung erleben.

2. Sie können aber auch die *Denkpausen* einhalten. Mit Vorteil schreiben Sie dabei Ihre Gedanken nieder: Das zwingt Sie zur Genauigkeit, Verbindlichkeit und ermöglicht spätere Überprüfung. – Dann werden Sie Ihre Einsichten konkreter auf Ihr Leben beziehen können.

3. Sie können das Buch *gemeinsam* mit einem Freund oder einer Freundin *lesen.* – Dann erhält der Diskurs noch eine Dimension mehr und wird lebendiger.

4. Sie können überdies den *praktischen Hinweisen* im 11. Kapitel folgen. – Dann setzen Sie die Erkenntnisse in die Tat um.

5. Sie können die Literaturliste konsultieren und *weitere Bücher lesen.* – Dann werden Sie mit der Zeit ein Philosoph, ein «Freund der Weisheit».

Sie sehen also: Wenn Sie sich nicht auf die Variante 1 beschränken, erfordert die Lektüre des Buches Zeit. Nehmen Sie sie sich! Lesen Sie es kapitelweise und mit Pausen dazwischen.

Entwicklungprozesse lassen sich nicht übers Knie brechen, sondern brauchen Zeit, Musse und ein gewisses Mass an Gelassenheit. So schmal sich dieses Buch auch ausnimmt, wenn Sie es mit wirklichem Gewinn durcharbeiten wollen, fordert es Ihnen einiges ab.

3. Mittel und Zwecke – Sein Leben gestalten

Fast jeder Mensch setzt sich im Leben Ziele, allerdings sehr unterschiedliche, subjektiv ausgewählte. Manche tun dies planmässig und bewusst, andere eher spontan und intuitiv. Bisweilen können diese Ziele in Vergessenheit geraten; oder aber umgekehrt, man setzt alles daran, sie zu erreichen, vielleicht ohne zu überlegen, ob der Kampf und die Mühe sich lohnen. Solche Ziele haben zu tun mit der Vorstellung vom guten Leben, die jedermann hat, wenn auch wiederum subjektiv auf sehr unterschiedliche Weise. Die meisten Menschen überprüfen ihr Ideal des guten Lebens erst dann grundsätzlich, wenn sie in eine Krise geraten sind und ein grosser Leidensdruck besteht.

Sind Lebensziele und Vorstellungen vom guten Leben bloss subjektiv? Oder gibt es so etwas wie «richtige» Ziele, eine «verbindliche» Vorstellung des guten Lebens? Lesen Sie dazu zunächst eine Kurzgeschichte von Heinrich Böll, die den Titel «Anekdote zur Senkung der Arbeitsmoral» trägt:

In einem Hafen an einer westlichen Küste Europas liegt ein ärmlich gekleideter Mann in seinem Fischerboot und döst. Ein schick angezogener Tourist legt eben einen neuen Farbfilm in seinen Fotoapparat, um das idyllische Bild zu fotografieren: blauer Himmel, grüne See mit friedlichen schneeweissen Wellenkämmen, schwarzes Boot, rote Fischermütze. Klick. Noch einmal: klick, und da aller guter Dinge drei sind und sicher sicher ist, ein drittes Mal: klick. Das spröde, fast feindselige Geräusch weckt den dösenden Fischer, der sich schläfrig aufrichtet, schläfrig nach seiner Zigarettenschachtel angelt; aber bevor er das Gesuchte gefunden, hat ihm der eifrige Tourist schon eine Schachtel vor die Nase gehalten, ihm die Zigarette nicht gerade in den Mund gesteckt, aber in die Hand gelegt, und ein viertes Klick, das des Feuerzeuges, schliesst die eilfertige Höflichkeit ab. Durch jenes kaum messbare, nie nachweisbare Zuviel an flinker Höflichkeit ist eine gereizte Verlegenheit entstanden, die der Tourist – der Landessprache mächtig – durch ein Gespräch zu überbrücken versucht.

«Sie werden heute einen guten Fang machen.»

Kopfschütteln des Fischers.

«Aber man hat mir gesagt, dass das Wetter günstig ist.» Kopfnicken des Fischers.

«Sie werden also nicht ausfahren?»

Kopfschütteln des Fischers, steigende Nervosität des Touristen. Gewiss liegt ihm das Wohl des ärmlich gekleideten Menschen am Herzen, nagt an ihm die Trauer über die verpasste Gelegenheit.

«Oh, Sie fühlen sich nicht wohl?»

Endlich geht der Fischer von der Zeichensprache zum wahrhaft gesprochenen Wort über. «Ich fühle mich grossartig», sagt er. «Ich habe mich nie besser gefühlt.» Er steht auf, reckt sich, als wolle er demonstrieren, wie athletisch er gebaut ist. «Ich fühle mich phantastisch.»

Der Gesichtsausdruck des Touristen wird immer unglücklicher, er kann die Frage nicht mehr unterdrücken, die ihm sozusagen das Herz zu sprengen droht: «Aber warum fahren Sie dann nicht aus?»

Die Antwort kommt prompt und knapp. «Weil ich heute morgen schon ausgefahren bin.»

«War der Fang gut?»

«Er war so gut, dass ich nicht noch einmal auszufahren brauche, ich

habe vier Hummer in meinen Körben gehabt, fast zwei Dutzend Makrelen gefangen …»

Der Fischer, endlich erwacht, taut jetzt auf und klopft dem Touristen beruhigend auf die Schultern. Dessen besorgter Gesichtsausdruck erscheint ihm als ein Ausdruck zwar unangebrachter, doch rührender Kümmernis.

«Ich habe sogar für morgen und übermorgen genug», sagt er, um des Fremden Seele zu erleichtern. «Rauchen Sie eine von meinen?»

«Ja, danke.»

Zigaretten werden in Münder gesteckt, ein fünftes Klick, der Fremde setzt sich kopfschüttelnd auf den Bootsrand, legt die Kamera aus der Hand, denn er braucht jetzt beide Hände, um seiner Rede Nachdruck zu verleihen.

«Ich will mich ja nicht in Ihre persönlichen Angelegenheiten mischen», sagt er, «aber stellen Sie sich mal vor, Sie führen heute ein zweites, ein drittes, vielleicht sogar ein viertes Mal aus und Sie würden drei, vier, fünf, vielleicht gar zehn Dutzend Makrelen fangen … stellen Sie sich das mal vor.»

Der Fischer nickt.

«Sie würden», fährt der Tourist fort, «nicht nur heute, sondern morgen, übermorgen, ja, an jedem günstigen Tag zwei-, dreimal, vielleicht viermal ausfahren – wissen Sie, was geschehen würde?»

Der Fischer schüttelt den Kopf. «Sie würden sich in spätestens einem Jahr einen Motor kaufen können, in zwei Jahren ein zweites Boot, in drei oder vier Jahren könnten Sie vielleicht einen kleinen Kutter haben, mit zwei Booten oder dem Kutter würden Sie natürlich viel mehr fangen – eines Tages würden Sie zwei Kutter haben, Sie würden …», die Begeisterung verschlägt ihm für ein paar Augenblicke die Stimme, «Sie würden ein kleines Kühlhaus bauen, vielleicht eine Räucherei, später eine Marinadenfabrik, mit einem eigenen Hubschrauber rundfliegen, die Fischschwärme ausmachen und Ihren Kuttern per Funk

Anweisung geben. Sie könnten die Lachsrechte erwerben, ein Fisch-
restaurant eröffnen, den Hummer ohne Zwischenhändler direkt nach
Paris exportieren – und dann …», wieder verschlägt die Begeisterung
dem Fremden die Sprache. Kopfschüttelnd, im tiefsten Herzen betrübt,
seiner Urlaubsfreude schon fast verlustig, blickt er auf die friedlich
hereinrollende Flut, in der die ungefangenen Fische munter springen.
«Und dann», sagt er, aber wieder verschlägt ihm die Erregung die
Sprache.
Der Fischer klopft ihm auf den Rücken, wie einem Kind, das sich ver-
schluckt hat. «Was dann?» fragt er leise.
«Dann», sagt der Fremde mit stiller Begeisterung, «dann könnten Sie
beruhigt hier im Hafen sitzen, in der Sonne dösen – und auf das herr-
liche Meer blicken.»
«Aber das tu ich ja schon jetzt», sagt der Fischer, «ich sitze beruhigt
am Hafen und döse, nur Ihr Klicken hat mich dabei gestört.»
Tatsächlich zog der solcherlei belehrte Tourist nachdenklich von dan-
nen, denn früher hatte er auch einmal geglaubt, er arbeite, um eines
Tages einmal nicht mehr arbeiten zu müssen, und es blieb keine Spur
von Mitleid mit dem ärmlich gekleideten Fischer in ihm zurück, nur
ein wenig Neid.

Aus: Böll, Heinrich: Erzählungen, ©1994 by Verlag Kiepenheuer & Witsch, Köln

1. Bitte versuchen Sie eine knappe Formulierung zu finden für die beiden Lebensgrundsätze, den des Fischers und den des Touristen.
2. Welcher Lebensanschauung neigen Sie eher zu? Oder würden Sie für einen Mittelweg plädieren?
3. Bitte formulieren Sie den Grundsatz Ihres eigenen Lebensplans, und stellen Sie eine kurze Liste der Aktivitäten und Massnahmen auf, die Sie zu seiner Verwirklichung ergreifen.

Wer hat recht, der Fischer oder der Tourist?

Man könnte die beiden Lebensprinzipien pointiert so formulieren: Der Fischer lebt, um zu arbeiten. Der Tourist arbeitet, um zu leben. Doch wessen Lebensweise macht mehr Sinn? Die Frage scheint naiv. Die beiden Lebensauffassungen sind selbstverständlich subjektiv. Man kann ihre Richtigkeit nicht beweisen. Die Gründe, die zu ihnen geführt haben, sind in vielen Bereichen zu suchen: in der jeweiligen Biographie, im persönlichen Charakter, in der kulturellen Tradition.

Aber muss man es dabei bewenden lassen? Der eine findet halt dies richtig, der andere jenes? – Die Philosophie, das wissen Sie aus dem Einleitungskapitel, geht davon aus, dass beide Partner profitieren, wenn sie sich aufs gemeinsame Gespräch einlassen:

- Jeder hinterfragt dabei seine eigene Position, entdeckt ihre Schwächen und korrigiert sie.

- Er gewahrt Aspekte, die er nicht bedacht hat, und bezieht sie ein.

- Er erfährt, dass man es auch anders sehen kann – und mit guten Gründen.

- Er stösst auf Voraussetzungen, von denen er ausgegangen ist, ohne sie vorher hinterfragt zu haben.

- Er bemerkt, dass er einem Irrtum aufgesessen ist und daher seine Folgerungen ändern muss.

- Vielleicht entdeckt er aber auch erst, dass für ihn Fragen, auf die er vorschnell schon Antworten bereit hatte, noch gar nicht geklärt sind.

- Und im besten Fall nähern sich die Einsichten der Gesprächspartner einander so an, dass die Differenzen unerheblich werden.

Mit einem Wort: Das Gespräch bringt die Gesprächsteilnehmer fast immer weiter. Die Auseinandersetzung mit andern erweitert meine Einsicht, klärt meine Gedanken, macht meine Position überzeugender.

Auch wenn Meinungen subjektiv sind, lassen sie sich doch diskutieren. Und das heisst, dass man Argumente vorbringt, die eine bestimmte Meinung stützen. Argumente sind Gründe, von denen ich annehme, dass sie dem andern einleuchten. Das werden sie allerdings nur dann, wenn der andere unter den Sätzen, die ich vorbringe, dasselbe versteht wie ich.

Mit andern Worten, Voraussetzung jeder vernünftigen Argumentation ist: dass man die Begriffe klärt, mit denen man operiert. Und damit hat man auch schon begonnen zu philosophieren.

So könnte man die Streitfrage der Anekdote mit Hilfe der Begriffe Kausalität und Finalität untersuchen. Aristoteles (384–322 v. Chr.) unterscheidet vier Arten der Begründung – er nennt sie «Ursachen» –: Material-, Formal-, Wirk- und Zweckursache. Die ersten beiden können wir für unseren Zusammenhang vernachlässigen. Aber die andern beiden sind für uns wichtig, die Wirk- und die Zweckursache; oder wie man heute sagen würde: Kausalität und Finalität.

Wie könnten Fischer und Tourist überhaupt ihre Haltung begründen? – Betrachten wir die zwei verschiedenen Möglichkeiten, die kausale und die finale:

> Kausal begründen heisst, etwas als Wirkung aus seinen Ursachen erklären.
> Final begründen heisst, etwas als Mittel zu einem Zweck rechtfertigen.

Der Fischer könnte etwa sagen: «Ich liege hier, weil ich zu faul zum Arbeiten bin.» Das wäre eine kausale Erklärung. Die wäre aber für ihn selber wohl zu billig. Er will ja den Touristen von der Richtigkeit seines Verhaltens überzeugen. Das kann nur eine finale Erklärung, eine Erklärung also, die zeigt, dass das eigene Verhalten das richtige Mittel zu einem bestimmten Zweck ist. Der Fischer könnte zum Beispiel folgendermassen final argumentieren: «Mein Ziel ist es, das Leben zu geniessen; zu diesem Zweck ist das Dösen in der warmen Sonne genau das richtige Mittel. Das verschafft mir Genuss.»

Was sich in der Welt der unbelebten Materie abspielt, versucht die Physik oder die Chemie kausal zu erklären. Für das Lebendige aber reicht dieses Muster nicht hin. Biologie, Psychologie und alle Humanwissenschaften können nur angemessene Erklärungen liefern, wenn sie auch final argumentieren – sonst würde der Mensch zur Maschine degradiert.

Zum Menschen gehört wesentlich, dass er Zwecke setzen kann und dass er für diese Zwecke Mittel einsetzt. Mit anderen Worten: Der Mensch plant sein Leben, plant seine einzelnen Handlungen. Und selbst wenn er sich gelegentlich von irgendwelchen Antrieben leiten lässt, von Ursachen also, ist er doch grundsätzlich fähig, sich sein Leben nach dem Prinzip von Mittel und Zweck zu organisieren.

> Mittel ist, was man um eines Zweckes willen einsetzt; Zweck ist das, um dessentwillen das Mittel eingesetzt wird.

Ein philosophischer Dialog:

Philosophieren heisst, nach den Spielregeln des Diskurses miteinander reden. Wären der Fischer und der Tourist Philosophen, könnten sie etwa folgendermassen argumentieren:

FISCHER: Ich arbeite, um zu leben. Das Mittel, die Arbeit, ist um des Zweckes willen da. Wenn der Zweck erreicht ist – ich sitze beruhigt am Hafen und döse –, ist das Mittel überflüssig. Bei Ihnen ist das Mittel zum Zweck geworden, Sie leben, um zu arbeiten. Sie haben das Verhältnis von Mittel und Zweck auf den Kopf gestellt.

TOURIST: Da haben Sie nicht ganz unrecht. Wenn es nur darum ginge, den Lebensbedarf für heute zu befriedigen, hat bei Ihnen das Mittel den Zweck erreicht. Aber wie sieht es morgen aus? Vielleicht haben sich die Fischschwärme ins Meer hinaus verzogen, und Sie fangen nichts. Sie täten also gut daran vorzusorgen, also ein bisschen auf Vorrat zu arbeiten, um länger davon leben zu können. Manchmal ist es sinnvoll, für eine gewisse Zeit das Mittel-Zweck-Verhältnis umzukehren, um den eigentlichen Zweck längerfristig zu sichern.

FISCHER: Gewiss, wenn Sie unter Leben nur das nackte Überleben verstehen. Es kommt eben darauf an, wie man den Zweck definiert. Für mich heisst er nicht einfach «materielle Lebenssicherung», sondern auch «Lebensgenuss». Ihr Zweck ist bloss quantitativ, meiner qualitativ; mir geht's um Lebensqualität. Wenn Sie sich abrackern, wie Sie's mir eben vorgeschlagen haben, kommen Sie doch nie dazu, die Früchte ihrer Arbeit auch zu geniessen.

TOURIST: Das stimmt. Leider bedenke ich das oft zu wenig. Immerhin mache ich jetzt in Ihrem Land Ferien, eben um das Leben auch einmal zu geniessen. – Was aber die Lebensqualität betrifft, nehme ich Sie beim Wort. «Es kommt eben darauf an, wie man den Zweck definiert», sagen Sie. Genau. Zur Lebensqualität gehört für mich auch eine gewisse Sicherheit: Ich möchte nicht dauernd Angst haben, morgen hungern zu müssen.

FISCHER: Das verstehe ich, aber vielleicht sind Sie auch ein wenig überängstlich. Ich jedenfalls habe bisher noch nie hungern müssen.

TOURIST: Immerhin sind wir uns doch schon einiges näher gekommen. Wir haben uns auf folgende Punkte geeinigt:
• Arbeit ist Mittel, Lebenssicherung ist Zweck.

- Lebenssicherung heisst nicht nur überleben, sondern auch Lebensqualität.
- Überleben und Lebensqualität müssen bis zu einem gewissen Grad auch «in the long run» gesichert werden.

Was wir jetzt zu klären hätten, wäre die Frage, welche Mittel diesem Zweck am besten dienen, ohne Selbstzweck zu werden. – Aber lassen Sie uns die Frage doch dort drüben im Bistro bereden. Ich lade Sie zu einem Glas Wein ein.

Der Dialog ist damit natürlich noch nicht beendet, die Frage nach der richtigen Lebensweise noch nicht geklärt. Und trotzdem war das Gespräch ergiebig: Die beiden Gesprächspartner haben ihre Haltungen zu einem guten Teil geklärt und differenziert. Die zwei Positionen stehen einander nicht mehr so unvereinbar gegenüber, wie es am Anfang – zumindest für den Leser der Geschichte – schien. Dabei mussten sich die beiden Partner allerdings auf einen Diskurs einlassen, auf ein vernünftiges, argumentatives Gespräch auf der Basis der Gutwilligkeit und der Wahrhaftigkeit. Auch wenn die beiden keine Antwort gefunden haben, sie haben doch ein Ergebnis – einen Konsens – erreicht, dem beide zustimmen: der Tourist fasst ihn am Schluss zusammen.

Natürlich verläuft das Philosophieren nicht immer in dieser ausdrücklichen Dialogform, in der Wirklichkeit nicht und auch nicht im Fortgang dieses Buches. Doch ein Dialog findet auch dann statt, wenn Sie sich mit den Argumenten dieses Buches oder der darin zitierten Denker auseinandersetzen, wenn Sie mit anderen Menschen das argumentative Gespräch aufnehmen, überhaupt immer, wenn Menschen miteinander nach den Diskurs-Spielregeln schriftlich oder mündlich kommunizieren.

Das Beispiel sollte nur modellhaft vor Augen führen, wie ein philosophischer Diskurs konkret aussehen kann.

1. Stellen Sie sich vor, Sie müssten einem guten Freund, einer Freundin Ihre Vorstellung vom guten Leben darlegen. Wie sähe die Liste Ihrer wichtigsten Zwecke (Ziele) aus? Und wie die Liste der Mittel, die Sie dazu einsetzen?

2. Welche Handlungen, die Sie täglich tun, sind Mittel, und welchen Zwecken dienen sie? Sie können das überprüfen, indem sie einen durchschnittlichen Tag vom Morgen bis zum Abend im Geist durchgehen und dabei Ihre Gedanken notieren.

3. Vergleichen Sie Ihre Antwort zu Frage 1 mit Ihrer Antwort zu Frage 2.

4. Falls Sie gerne schreiben: Setzen Sie den Dialog im Bistro fort. Versuchen Sie die Grundhaltung von Fischer und Tourist beizubehalten. Das Ziel ist nicht der Sieg des einen, sondern der immer mehr ausdifferenzierte Konsens zwischen den beiden.

5. Überlegen Sie: Wo in unserer Gesellschaft machen wir die Mittel zum Zweck: wir alle, «die» Politik, «die» Wirtschaft, einzelne gesellschaftliche Gruppen?

4. Sinn – Für das Unverzichtbare leben

Sein Leben gestalten heisst, es nach der Struktur von Mittel und Zweck zu organisieren. Aber ist damit schon der Sinn des Lebens gegeben oder wenigstens anvisiert? Bleibt es nicht auch dem einzelnen selbst überlassen, den Sinn seines Lebens zu finden? Oder gibt es da vielleicht auch Begriffe, Modelle, die für jeden verbindlich sind? – Wäre die naheliegende Antwort nicht das Glück, dem doch jeder nachstrebt?

Max Frischs Tagebuch 1966–1971 enthält einige sogenannte «Fragebogen», die sehr direkt auf wesentliche Fragen des Lebens abzielen. Einer davon betrifft, ohne dass dies ausgesprochen würde, den Sinn des Lebens:

1. *Sind Sie sicher, dass Sie die Erhaltung des Menschengeschlechts, wenn Sie und alle Ihre Bekannten nicht mehr sind, wirklich interessiert?*
2. *Warum? Stichworte genügen.*
3. *Wie viele Kinder von Ihnen sind nicht zur Welt gekommen durch Ihren Willen?*
4. *Wem wären Sie lieber nie begegnet?*
5. *Wissen Sie sich einer Person gegenüber, die nicht davon zu wissen braucht, Ihrerseits im Unrecht und hassen Sie eher sich selbst oder die Person dafür?*
6. *Möchten Sie das absolute Gedächtnis?*

7. *Wie heisst der Politiker, dessen Tod durch Krankheit, Verkehrsunfall usw. Sie mit Hoffnung erfüllen könnte? Oder halten Sie keinen für unersetzbar?*

8. *Wen, der tot ist, möchten Sie wiedersehen?*

9. *Wen hingegen nicht?*

10. *Hätten Sie lieber einer andern Nation (Kultur) angehört und welcher?*

11. *Wie alt möchten Sie werden?*

12. *Wenn Sie Macht hätten zu befehlen, was Ihnen heute richtig scheint, würden Sie es befehlen gegen den Widerspruch der Mehrheit? Ja oder Nein.*

13. *Warum nicht, wenn es Ihnen richtig scheint?*

14. *Hassen Sie leichter ein Kollektiv oder eine bestimmte Person und hassen Sie lieber allein oder in einem Kollektiv?*

15. *Wann haben Sie aufgehört zu meinen, dass Sie klüger werden, oder meinen Sie's noch? Angabe des Alters.*

16. *Überzeugt Sie Ihre Selbstkritik?*

17. *Was, meinen Sie, nimmt man Ihnen übel und was nehmen Sie sich selber übel, und wenn es nicht dieselbe Sache ist: wofür bitten Sie eher um Verzeihung?*

18. *Wenn Sie sich beiläufig vorstellen, Sie wären nicht geboren worden: beunruhigt Sie diese Vorstellung?*

19. *Wenn Sie an Verstorbene denken: wünschten Sie, dass der Verstorbene zu Ihnen spricht, oder möchten Sie lieber dem Verstorbenen noch etwas sagen?*

20. *Lieben Sie jemand?*

21. *Und woraus schliessen Sie das?*

22. *Gesetzt den Fall, Sie haben nie einen Menschen umgebracht: wie erklären Sie es sich, dass es dazu nie gekommen ist?*

23. *Was fehlt Ihnen zum Glück?*

24. *Wofür sind Sie dankbar?*

25. Möchten Sie lieber gestorben sein oder noch eine Zeit leben als ein gesundes Tier? Und als welches?

Aus: Frisch, Max: Tagebuch 1966–1971, © Suhrkamp Verlag, Frankfurt am Main 1976

1. Bitte machen Sie sich bewusst: Wie haben Sie bei der Lektüre des Fragebogens spontan reagiert? Welche Gefühle sind aufgekommen?
2. Beantworten Sie den Fragebogen für sich selber?
3. Geben Sie sich Rechenschaft darüber, wo Sie leicht eine Antwort gefunden haben und wo Sie gezögert haben. Warum waren Sie unsicher?

Frischs Fragen beunruhigen den Leser, sofern er sie ernst nimmt. Die Verunsicherung zeigt dabei keineswegs einen schwankenden Charakter an, sondern eine Ernsthaftigkeit im Umgang mit sich selber. Frisch fragt nach etwas, das für jedes menschliche Leben zentral ist: nach den Werten.

> Ein Wert ist die akzeptierte und verinnerlichte Vorstellung von etwas, das gewünscht, erstrebt, anerkannt oder verehrt wird.

Beispiele von Werten (in alphabetischer Reihenfolge)
- Äussere Erscheinung
- Ehrlichkeit

- Erfolg
- Freiheit
- Gerechtigkeit
- Karriere
- Leistung
- Nächstenliebe
- Ordnung
- Prestige
- Sauberkeit
- Sicherheit
- Toleranz
- Vertrauen
- Wohlstand
- Zivilcourage

Werte spielen für unser Denken, Urteilen und vor allem für unser Handeln eine ganz entscheidende Rolle:

- *Jeder Mensch* setzt in seinem Leben Werte, ob er will oder nicht, ob er sich dessen bewusst ist oder nicht, ob er darüber nachdenkt oder nicht.

- Da Werte Vorstellungen sind, die erstrebt werden, können sie auch als *Zwecke* betrachtet werden (vgl. Kapitel 3). Oder anders gesagt: Zwecke sind absolute Werte, Mittel sind relative Werte.

- Natürlich können Wertvorstellungen im Verlauf eines Lebens *ändern:* Gewisse Dinge werden wichtiger, andere verlieren an Bedeutung.

- Ausserdem ist nicht alles, dem ein Mensch Wert zuspricht, gleich bedeutsam für ihn. Einzelne Werte sind andern untergeordnet. Jeder Mensch trägt gewissermassen eine *Werthierarchie* in sich. Und auch diese kann sich mit dem Älterwerden durchaus verändern.

- Wenn Menschen in Entscheidungssituationen stehen, können *Wertkonflikte* entstehen: Zwei für den Betreffenden annähernd gleichrangige Werte können sich gegenüberstehen; oder mehrere weniger hohe Werte müssen gegen einen sehr bedeutsamen abgewogen werden.

Man kann auch *verschiedene Arten von Werten* unterscheiden:

- Materieller Wert (Tauschwert, Geldwert, Kaufpreis)
- Gebrauchswert
- Prestigewert
- Erinnerungswert
- Sammlerwert
- Ideeller Wert/Grundwert

Zurück zu Max Frischs Fragen. Sie zielen ab auf unser Wertsystem, sie zwingen den Leser, es zu überprüfen. Mehr noch, sie machen es ihm beinahe unmöglich, sich selber etwas über seine Wertvorstellungen vorzumachen.

Zum Beispiel die erste Frage: Wohl wenige Menschen können sie ohne Zögern bejahen («Sind Sie sicher …?»). Was liegt einem an der Menschheit, wenn alle Menschen, die uns etwas bedeuten, nicht mehr existieren? Und doch denken die meisten von uns: Natürlich bin ich am Wohl der Menschheit interessiert, am Gemeinwohl. Die Frage bringt den Leser ins Dilemma.

Oder die Frage «Lieben Sie jemand?». Sie macht schon stutzen, weil sie etwas Selbstverständliches hinterfragt. Und wenn der Leser sie nach einem kurzen Zögern doch bejaht, zwingt ihn die nächste, kritisch zu prüfen, was er als seine Liebe betrachtet. Frisch veranlasst den Leser, sich einzugestehen, wie er es mit den Grundwerten des Lebens tatsächlich hält.

Werte haben es mit dem Sinn zu tun, aber auch mit dem Mittel-Zweck-Verhältnis. Man kann den Begriff Sinn folgendermassen definieren:

> Sinn macht eine Handlung dann,
> 1. wenn sie als Mittel einem bestimmten Zweck dient und
> 2. wenn dieser selbst als wertvoll erachtet wird.

Genügt die Handlung dem ersten Kriterium nicht, verfehlt sie also den erstrebten Zweck, dann betrachten wir sie als sinnlos oder unsinnig. So etwa, wenn der Fernsehzuschauer den Sprecher zum Schweigen bringen will, indem er ihm den Mund zuhält. Dasselbe gilt, wenn das zweite Kriterium nicht erfüllt ist, wenn also dem Zweck selbst ein Wert abgesprochen wird. Die Schüsse des Amokläufers erfüllen zwar ihren Zweck, aber dieser selbst, der Tod der Opfer, muss abgelehnt werden.

Sinn beruht also darauf, dass Zwecke gesetzt werden; zum Zweck erklärt man, was einem wertvoll (und eben deshalb erstrebenswert) erscheint; Werte setzen und sich Zwecke vornehmen kann bewusst nur der Mensch. Damit ist auch gesagt: Es gibt Sinn nur dort, wo Menschen ihn schaffen; es ist nicht so, dass er objektiv vorgegeben wäre und nur gefunden zu werden bräuchte.

Wenn man vom Sinn des Lebens redet, meint man also etwas, das man für so wertvoll erachtet, dass man um seinetwillen lebt. Das kann nicht «das Leben selbst» sein, denn sonst wäre das Leben um des Lebens willen da – eine zwar oft gehörte Formulierung, die aber auf ein reines Wortspiel hinausläuft, sobald man genauer über sie nachdenkt. Wohl aber kann der «Sinn des Lebens» *im* Leben zu finden sein: Dass ich in die Welt hineingeworfen wurde, macht noch keinen Sinn. Er kann sich aber innerhalb meines gestalteten Lebens realisieren.

Was ist für Sie der Sinn des Lebens? Das heisst also: Um welcher Werte willen leben Sie? – Das enthüllt sich, wenn Sie sich fragen, worauf Sie nicht verzichten wollen.

Der Sinn des Lebens wird sichtbar, wenn ich mir die Werte bewusst mache, um derentwillen ich lebe.
Diese Werte kommen dann zum Vorschein, wenn ich frage, worauf ich nicht verzichten will.

Ihre Antwort auf die Frage nach dem Sinn des Lebens wird sichtbar, wenn Sie Ihre persönliche Werthierarchie entwickeln. Sie könnte zum Beispiel so aussehen:

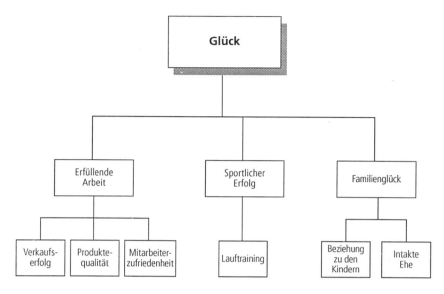

Eine solche Werthierarchie zeigt das Verhältnis von Mittel und Zweck: Was tiefer steht, ist Mittel; was höher liegt, stellt Zweck dar. Mittel und Zweck definieren sich dabei immer in ihrem Verhältnis zueinander: Was im Vergleich zu einem bestimmten Zweck (z.B. dem Glück) als Mittel (z.B. die erfüllende Arbeit) eingesetzt wird, ist gegenüber anderen Mitteln (z.B. dem Verkaufserfolg) selber Zweck. Es versteht sich, dass eine solche Werthierarchie nach allen Seiten erweitert werden kann: nach oben zu übergeordneten Zwecken, nach unten zu einzelnen Mitteln und auf beide Seiten zu weiteren Mitteln und Zwecken. Ebenso selbstverständlich ist, dass Ihre persönliche Werthierarchie ganz anders aussehen kann: Das hängt ja von Ihren Wertsetzungen, von Ihrem Lebensplan ab.

Worauf es aber ankommt: Die Werthierarchie macht Ihren Lebenssinn sichtbar. Das Unverzichtbare steht zuoberst. Das schliesst nicht aus, dass einzelne Mittel an sich auch Sinn machen können, nicht bloss als Mittel zum Zweck. Zu Ihren

Kindern eine gute Beziehung aufzubauen ist wertvoll, auch wenn man davon absieht, dass sie zu Ihrem Lebensglück beiträgt. Natürlich wird Ihr Leben nicht dadurch sinnvoller, dass Sie Ihre Werthierarchie entwerfen. Sie tragen sie nämlich längst in sich. Sie auch ausdrücklich aufs Papier zu bringen bedeutet aber, sich seiner Wert- und Sinnsetzungen bewusst zu werden. Und das schliesst eine Chance ein: Es erlaubt wahrzunehmen, wo die Verhältnisse schief sind, zu korrigieren, wo die Gewichte anders verteilt werden müssen, sich zu konzentrieren aufs Wesentliche, aufs Unverzichtbare.

1. Erarbeiten Sie Ihr persönliches Werthaltungsprofil mit Hilfe der nachfolgenden Tabelle; ergänzen Sie sie, wo nötig.
2. Leiten Sie daraus Ihre Werthierarchie ab, indem Sie die unbedeutenderen Werte den bedeutenderen unterordnen.
3. Überlegen Sie auf dem Hintergrund Ihres Werthaltungsprofils und Ihrer Werthierarchie vor allem: Welchen Werten (als Zwecken) dient Ihre Arbeit (als Mittel)? Ist die Arbeit selbst ein Zweck für Sie? Stehen Mittel und Zwecke für Sie im richtigen Verhältnis?

Wert	völlig unbe- deutend	unbedeutend	neutral	bedeutend	sehr bedeutend
Äussere Erscheinung					
Arbeit					
Ehrlichkeit					
Erfolg					
Fairness					
Familienglück					
Freiheit					
Freundschaft					
Gemeinwohl					
Gerechtigkeit					
Gleichheit					
Glück					
Karriere					
Kinder					
Leistung					
Liebe					
Menschwürde					
Musse					
Nächstenliebe					
Ordnung					
Prestige					
Pünktlichkeit					
Sauberkeit					
Sicherheit					
Solidarität					
Toleranz					
Verantwortung					
Vertrauen					
Wohlfahrt					
Wohlstand					
Zivilcourage					

5. Glück – Dem Leben Sinn geben

Was ist der Sinn des Lebens? wurde am Anfang des letzten Kapitels gefragt. Viele Menschen – vielleicht auch Sie – antworten darauf spontan: Das Glück. Betrachten nicht alle Menschen das Glück als wertvoll? Streben nicht alle danach? Geht es uns nicht bei allem, was wir tun, nur darum: glücklich zu werden?

Sie erinnern sich gewiss an das Märchen «Hans im Glück» der Brüder Grimm. Um es nicht in seiner ganzen Länge zu zitieren, wird hier nur der Anfang und der Schluss abgedruckt. Die Episoden dazwischen verlaufen ohnehin immer nach demelben Muster:

Hans hatte sieben Jahre bei seinem Herrn gedient, da sprach er zu ihm: «Herr, meine Zeit ist um, nun wollte ich gerne wieder heim zu meiner Mutter, gebt mir meinen Lohn.» Der Herr antwortete: «Du hast mir treu und ehrlich gedient, wie der Dienst war, so soll der Lohn sein», und gab ihm ein Stück Gold, das so gross als Hansens Kopf war. Hans zog sein Tüchlein aus der Tasche, wickelte den Klumpen hinein, setzte ihn auf die Schulter und machte sich auf den Weg nach Haus. Wie er so dahinging und immer ein Bein vor das andere setzte, kam ihm ein Reiter in die Augen, der frisch und fröhlich auf einem muntern Pferd vorbeitrabte. «Ach», sprach Hans ganz laut, «was ist das Reiten ein schön Ding! Da sitzt einer wie auf einem Stuhl, stösst sich an keinem Stein, spart die Schuh und kommt fort, er weiss nicht wie.» Der Reiter,

der das gehört hatte, hielt an und rief: «Ei, Hans, warum gehst du auch zu Fuss?» «Ich muss ja wohl», antwortete er, «da habe ich einen Klumpen heimzutragen: es ist zwar Gold, aber ich kann den Kopf dabei nicht geradhalten, auch drückt mir's auf die Schulter.» «Weisst du was», sagte der Reiter, «wir wollen tauschen: ich gebe dir mein Pferd, und du gibst mir deinen Klumpen.» «Von Herzen gern», sprach Hans, «aber ich sage Euch, Ihr müsst Euch damit schleppen.» Der Reiter stieg ab, nahm das Gold und half dem Hans hinauf, gab ihm die Zügel fest in die Hände und sprach: «Wenn's nur recht geschwind soll gehen, so musst du mit der Zunge schnalzen und hopp, hopp rufen.»
Hans war seelenfroh, als er auf dem Pferde sass und so frank und frei dahinritt. […]

Als Hans das Pferd mit einem Zungenschnalzen antreibt, wirft es ihn ab. Der Gestürzte beneidet einen Bauern, der eben mit einer Kuh vorbeimarschiert. Das gehe doch viel gemächlicher, und ausserdem habe man stets Milch dabei. Als der Bauer ihm vorschlägt, das Pferd gegen die Kuh zu tauschen, willigt Hans freudig ein.

Wie er jedoch kurz darauf die Kuh melken will, versetzt sie ihm mit dem Hinterfuss einen Schlag, dass ihm Hören und Sehen vergeht. Einen Metzger, der eben mit einem Schwein auf dem Schubkarren vorbeigeht, beneidet er um das schöne Fleisch. Jener ist schnell bereit, das Schwein gegen die Kuh zu tauschen. Und wieder ist Hans glücklich.

Ein fremder Bursche, der mit einer Gans unter dem Arm daherkommt, macht Hans weis, das Schwein sei gestohlen, er sei aber bereit, es zu übernehmen und ihm dafür die Gans zu überlassen. Hans dankt ihm überschwenglich und freut sich schon auf den fetten Braten.

Aber was ist ein Braten gegen die Möglichkeit, jederzeit durch Scherenschleifen Geld verdienen zu können, erklärt ihm ein Scherenschleifer im nächsten Dorf. Das leuchtet Hans ein, und erfreut geht er auf den Vorschlag ein, den Vogel gegen den Schleifstein zu tauschen. Als Draufgabe erhält er vom Gauner noch einen Feldstein zum Nägelmachen.

[...] Hans lud den Stein auf und ging mit vergnügtem Herzen weiter; seine Augen leuchteten vor Freude: «Ich muss in einer Glückshaut geboren sein», rief er aus, «alles, was ich wünsche, trifft mir ein wie einem Sonntagskind.» Indessen, weil er seit Tagesanbruch auf den Beinen gewesen war, begann er müde zu werden; auch plagte ihn der Hunger, da er allen Vorrat auf einmal in der Freude über die erhandelte Kuh aufgezehrt hatte. Er konnte endlich nur mit Mühe weitergehen und musste jeden Augenblick haltmachen; dabei drückten ihn die Steine ganz erbärmlich. Da konnte er sich des Gedankens nicht erwehren, wie gut es wäre, wenn er sie gerade jetzt nicht zu tragen brauchte. Wie eine Schnecke kam er zu einem Feldbrunnen geschlichen, wollte da ruhen und sich mit einem frischen Trunk laben; damit er aber die Steine im Niedersitzen nicht beschädigte, legte er sie bedächtig neben sich auf den Rand des Brunnens. Darauf setzte er sich nieder und wollte sich zum Trinken bücken, da versah er's, stiess ein klein wenig an, und beide Steine plumpsten hinab. Hans, als er sie mit seinen Augen in die Tiefe hatte versinken sehen, sprang vor Freuden auf, kniete dann nieder und dankte Gott mit Tränen in den Augen, dass er ihm auch diese Gnade noch erwiesen und ihn auf eine so gute Art, und ohne dass er sich einen Vorwurf zu machen brauchte, von den schweren Steinen befreit hätte, die ihm allein noch hinderlich gewesen wären. «So glücklich wie ich», rief er aus, «gibt es keinen Menschen unter der Sonne.» Mit leichtem Herzen und frei von aller Last sprang er nun fort, bis er daheim bei seiner Mutter war.
Aus Brüder Grimm: Kinder- und Hausmärchen, Bd. 1, Reclam, Stuttgart 1980

Denk Pause

Offenbar ist der Titel des Märchens ironisch gemeint: Ein solcher Mensch ist nicht glücklich, sondern dumm oder im besten Fall naiv. – Bitte überlegen Sie sich: Gibt es nicht doch Gesichtspunkte, nach denen Hans glücklich ist? Anders gefragt: Müssen wir Hans vielleicht als glücklich betrachten, sobald wir uns von unseren vordergründigen Glücksvorstellungen lösen?

Hans – ein Tor oder ein Glückskünstler?

Hans beginnt mit einem Klumpen Gold und hat am Schluss nichts. Mal für Mal lässt er sich übers Ohr hauen. Er investiert zwar in die Zukunft, kalkuliert dabei aber so schlecht, dass er bei jedem Handel rote Zahlen schreiben muss. Hans wäre fürwahr ein schlechter Unternehmer!

Auf der andern Seite gibt es gewichtige Hinweise darauf, dass wir den Titel nicht so schnell als ironisch abtun können. Der Held des Märchens scheint derart frei vom Materiellen zu sein, dass er nicht merkt, dass er alles verliert. Vor allem aber fühlt er sich glücklich. Was immer ihm zustösst, Hans sieht nur die positiven Seiten. Er sieht sich selber sogar als den glücklichsten Menschen unter der Sonne.

Wie viele Märchen weist auch dieses auf eine Wahrheit hin, die hinter dem vordergründigen Eindruck versteckt ist. Es zeigt Eigentümlichkeiten des Glücks auf, die wir gerne vergessen, gerade wenn wir im Materiellen, im Besitz, in äusseren Gütern das Glück suchen:

- Das Glück findet stets *im Moment* statt: Nach jedem Tausch erlebt es Hans wieder, wenn er sich über die neugewonnenen Aussichten freut.

- Es ist das Resultat einer *Wunscherfüllung*. Es erscheint, sobald das eintritt, was Hans sich sehnlichst gewünscht hat.

- Es ist aber auch *vergänglich*. Nach kurzer Zeit verblasst die Freude über das Neue oder macht gar dem Ärger über seine Schattenseiten Platz.

- Vor allem aber ist das Glück abhängig von einer *Einstellung*. Hans kann geschehen, was will, sein Gemüt wird ihm glückliche Momente bescheren.

Verschiedene Glücksbegriffe

Doch ist damit die Frage, was das Glück sei, erledigt? Kann man sie überhaupt allgemeingültig beantworten? Ist das Glück nicht vielmehr eine subjektive Angelegenheit? Sieht und sucht nicht jeder in andern Erlebnissen sein Glück? – Das Wort Glück ist so schillernd und vieldeutig, in der philosophischen Tradition wie in der Gegenwart, dass es nützlich ist, zuerst einmal die verschiedenen Glücksbegriffe auseinanderzuhalten. Ich unterscheide vier verschiedene Bedeutungen:

1. Die Glücksvorstellung der antiken und der mittelalterlichen Philosophie mutet uns fremd an. Damals verstand man unter Glück das Höchste, was dem Menschen überhaupt erreichbar ist, das *höchste Gut*. Für Aristoteles etwa war das eine

geistige Tätigkeit, weil sie das spezifisch Menschliche ist – das Tier kann nicht philosophieren. Für die christlichen Denker der Spätantike und des Mittelalters war das Glück nur als ewiges Glück im Jenseits erreichbar. Man sieht, dass mit diesem Glücksbegriff durchaus nicht zwangsläufig «glückliche Gefühle» im modernen Sinn verbunden sind, wenngleich sich solche im Streben nach dem höchsten Gut einstellen können.

2. In der frühen Neuzeit, vor allem bei den englischen Philosophen des 17. bis 19. Jahrhunderts, hat sich die Vorstellung vom Glück als Freude und Vergnügen («pleasure») herausgebildet. Dieser Begriff ist unserer modernen Idee am nächsten: Für viele Menschen heisst Glück eine äusserst freudige oder lustvolle Erfahrung, die mit einer grossen positiven Gefühlsintensität verbunden ist: Glück als eine *berauschende Daseinsphase.*

3. Ausserdem brauchen wir das Wort Glück ja auch für *einen günstigen Zufall, ein glückliches Los.* Glück hat, wer in der Lotterie gewonnen hat oder einem Autounfall gerade noch knapp entgangen ist. Damit müssen nicht unbedingt berauschende Gefühle verbunden sein.

4. Schliesslich bezeichnen wir aber auch als Glück, wenn ein Mensch in seinem Leben eine *tiefe, dauernde Zufriedenheit* hat, wenn er sich freut über sein Leben, es als gelungen betrachtet.

Welches Glück erlebt Hans, der Held des Märchens? Sicher einmal das zweite: Er kann sich jedesmal wieder freuen über das, was ihm zustösst. Dann aber auch das dritte: Was eintrifft, ist für ihn stets ein günstiger Zufall. Hans ist aber auch glücklich in der vierten Bedeutung des Wortes: Die Schlusssätze des Märchens lassen keinen Zweifel daran, dass er lebenslang Zufriedenheit in sich tragen wird.

Diese Unterscheidung verschiedener Glücksbegriffe wirft Fragen auf: Welches Glück ist denn nun das wahre, das wichtigste, das erstrebenswerteste? Worin besteht es genau? Und vor allem: Wie kann man es erreichen?

Das «wahre» Glück

Welches Glück ist das beste, das «wahre»? Die antik-mittelalterliche Vorstellung (1) ist uns fremd und bleibt an das Wertsystem ihrer Zeit gebunden. Es gibt wohl kaum Menschen in der heutigen Zeit, die sich nach Glück im Sinne des höchsten Gutes ausrichten. Ebensowenig können wir unser Leben auf das Glück des günstigen Zufalls (3) stellen: Der liegt ja ausserhalb unserer Zuständigkeit. Und zudem: Wer gewinnt schon täglich im Lotto?

Viel eher schon rennen wir dem Glück als äusserst intensivem Erlebnis (2) nach. Vielleicht ist es sogar dieses berauschende Glück des Augenblicks, um das sich in unserer Kultur alles dreht. Euphorische und überschwengliche Glücksempfindungen mögen in jedem Leben vorkommen und auch wertvoll sein: in der Liebe, in der Lust, im Genuss von Essen und Trinken, im Sport, in Momenten des Erfolgs, im Erreichen eines langerstrebten Ziels. Nur ist dieses Glück, auch wenn wir es immer wieder suchen, seiner ganzen Natur nach vergänglich – und eigentlich wissen wir das sehr gut.

Wenn wir von einem glücklichen Leben reden, meinen wir also einen möglichst dauerhaften Zustand der Zufriedenheit, der Erfüllung und der Freude (4). Dieses Glück ist wohl höher einzustufen als das Glück des Augenblicks und ganz gewiss höher als das des günstigen Zufalls. Wenn man von einem «wahren» Glück reden wollte, dann liegt es wohl am ehesten in dieser tiefen, dauernden Zufriedenheit mit seinem Leben. Zwar mögen glückliche Zufälle und glückliche Lebensmomente das Glück als Zufriedenheit begünstigen. Dennoch hängt es nicht einfach von ihnen ab.

> Das Glück als Zufriedenheit mit seinem Leben hat Vorrang gegenüber dem rauschhaften Glück des Augenblicks und dem Glück des günstigen Zufalls.

Doch worin besteht es? – Der Blick auf die verschiedenen Glücksbegriffe zeigt: Was wir inhaltlich unter Glück verstehen, hängt ab von unserem Wertsystem. Dieses aber schafft Sinn. Wo wir Werte setzen, erleben wir Sinn, und wo wir Sinn erleben, empfinden wir Glück. Glück ist also gar nicht das, was wir eigentlich anvisiert haben, wenn wir es erleben, sondern es stellt sich ein, wenn wir das Leben oder einzelne Lebensausschnitte als sinnvoll wahrnehmen.

Und wie lässt sich das erreichen? – Viele Philosophen sind davon überzeugt, dass dieses Glück nicht so leicht und wohl kaum willentlich erreicht werden kann. Wer nichts als das Glück erstrebt, wer es als obersten Wert setzt, verfehlt es. Denn wer das Glück im Auge hat, verliert aus den Augen, was Sinn machen könnte. Wer hingegen auf Sinnvolles hin lebt, erfährt Sinn – und als emotionale Begleiterscheinung: das Glück.

> Glück ist kein Zweck, der um seiner selbst willen erstrebt
> werden könnte. Vielmehr ist es eine Begleiterscheinung zu
> einem Gelingen. Lebensglück kann sich einstellen – als
> Nebenprodukt des gelungenen, des «geglückten», des sinn-
> vollen Lebens.

Das bedeutet: Die Glücksfrage verweist zurück auf die Sinnfrage, und diese wiederum auf die Wertfrage. Wer im Leben
Werte setzen kann, erlebt Sinn; und wer sinngerichtet lebt, erfährt auch Glück. Glückskünstler sind somit die Menschen mit
der Fähigkeit, die Welt, die Menschen und sich selber als wertvoll zu empfinden. Hans hat uns da wohl einiges voraus.

1. Versuchen Sie sich zu erinnern: In welchen
   Lebenslagen haben Sie das rauschhafte
   Glück des Moments erlebt? Wie schätzen
   Sie die Bedeutung dieser Erlebnisse für Ihr
   Gesamtglück ein?
2. Erinnern Sie sich an Glücks- oder Zufrie-
   denheitsgefühle der dauerhaften Art?
   Bestätigen diese Erfahrungen, was in den
   «philosophischen Werkzeugen» dieses
   Kapitels ausgedrückt ist?

6. Freiheit – Dem eigenen Willen gehorchen

Unser Leben nach Zwecken organisieren, die Mittel dazu einsetzen, unser Dasein auf einen Sinn hin gestalten – das alles ist ja nur möglich, wenn wir die Fähigkeit und Möglichkeit dazu haben, wenn uns die Hände dazu nicht gebunden sind, mit einem Wort: wenn wir frei sind.

Aber ist der Mensch das tatsächlich? Ist er nicht umgeben von den äusseren Zwängen der Umstände und zugleich bestimmt von inneren, vielleicht ganz unbewussten Antrieben?

Veranlasst durch die Verbrechen der Nazis, hat der amerikanische Psychologe Stanley Milgram um 1960 in einer Reihe von Experimenten untersucht, wie weit der Gehorsam von Menschen gehen kann, wenn sie entschieden genug zu bestimmten Handlungen angewiesen werden. Die Milgram-Experimente brachten erschreckende Resultate und sind in die Geschichte der Psychologie eingegangen. Hier ein Auszug aus dem Bericht des Wissenschaftlers über seine Experimente:

Um den Akt des Gehorchens eingehend zu untersuchen, baute ich an der Yale University ein einfaches Experiment auf. Mit der Zeit waren mehr als tausend Teilnehmer an diesem Experiment beteiligt, und es wurde später an mehreren Universitäten wiederholt. Meine Anfangskonzeption war recht einfach. Eine Person kommt in ein psychologisches Laboratorium und erhält den Befehl, eine Reihe von Handlungen

auszuführen, die sie in wachsendem Mass in Gewissenskonflikte stür-
zen. Die Kernfrage ist, wie lange sich die Versuchsperson den Anord-
nungen des Versuchsleiters fügt, bevor sie sich weigert, die von ihm
geforderten Handlungen auszuführen.

Allerdings muss man dem Leser etwas mehr Detailinformation über
dieses Experiment geben. Zwei Leute betreten ein Psychologie-Labor,
um an einer Untersuchung über Erinnerungsvermögen und Lern-
fähigkeit teilzunehmen. Einer von ihnen wird zum «Lehrer» bestimmt,
der andere zum «Schüler». Der Versuchsleiter erklärt ihnen, dass sich
die Untersuchung mit den Auswirkungen von Strafe auf das Lernen
befasst. Der Schüler wird in einen Raum gebracht, auf einen Stuhl ge-
setzt, seine Arme werden festgebunden, um übermässige Bewegungen
zu verhindern, und an seinem Handgelenk wird eine Elektrode befe-
stigt. Man erklärt ihm, dass er eine Reihe von Wortpaaren zu lernen
habe und dass er bei jedem Fehler einen Elektroschock von wachsender
Stärke erhalten werde.

Im Mittelpunkt des Experiments steht die Versuchsperson als «Leh-
rer». Nachdem sie zugesehen hat, wie der Schüler festgeschnallt wird,
bringt man sie in den Hauptexperimentierraum und lässt sie vor ei-
nem eindrucksvollen Schockgenerator Platz nehmen. Dessen Haupt-
charakteristikum ist eine horizontale Anordnung von dreissig Schal-
tern, die bei einer Steigerung von jeweils 15 Volt mit 15 Volt bis 450
Volt bezeichnet sind. Darunter stehen noch Aufschriften, die von
«leichtem Schock» bis zu «bedrohlichem Schock» reichen. Der Lehrer-
Versuchsperson wird erklärt, dass sie den Schüler im anderen Raum
einem Lerntest zu unterziehen habe. Wenn der Schüler eine richtige
Antwort gibt, soll die Lehrer-Versuchsperson zum nächsten
Fragepunkt übergehen; wenn er eine falsche Antwort gibt, soll die
Versuchsperson ihm einen elektrischen Schock versetzen. Sie soll mit
der niedrigsten Schockstärke (15 Volt) beginnen und sie graduell bei je-
dem Fehler erhöhen, also auf 30 Volt, 45 Volt und entsprechend weiter.

Der «Lehrer» ist eine echte, uninformierte Versuchsperson; sie kommt ins Labor, um an einem Experiment teilzunehmen. Der Schüler (oder «das Opfer») spielt nur seine Rolle und erhält selbstverständlich keinerlei Schock. Ziel des Experiments ist es, herauszufinden, inwieweit ein Mensch in einer konkreten, messbaren Situation geht, in der ihm befohlen wird, einem protestierenden «Opfer» zunehmende Qualen zuzufügen. An welchem Punkt wird sich die Versuchsperson weigern, dem Versuchsleiter weiter zu gehorchen?

Die Konfliktsituation ist deutlich, wenn das Opfer (der «Pseudo-Schüler») beginnt, Unbehagen auszudrücken. Bei 75 Volt murrt es, bei 120 Volt beklagt es sich ausdrücklich, bei 150 Volt bittet es darum, aus dem Experiment entlassen zu werden. Seine Proteste steigern sich, je höher die zugefügten Schocks steigen. Die Proteste werden heftiger und stärker emotional gefärbt. Bei 285 Volt kann die Reaktion nur noch als qualvolles Schreien bezeichnet werden.

Beobachter dieser Experimente äusserten übereinstimmend, dass ihre überzeugende Eindringlichkeit in der schriftlichen Darstellung nicht genügend zum Ausdruck komme. Für die Versuchsperson ist die gegebene Situation kein Spiel; ihr Konflikt ist heftig und deutlich erkennbar. Einerseits drängt die offenkundige Qual des Schülers sie dazu, die Sache aufzugeben. Andererseits befiehlt ihr der Versuchsleiter – also eine legitimierte Autorität, der sie sich in gewisser Weise verpflichtet fühlt –, das Experiment fortzusetzen. Jedesmal wenn sie zögert, den Schockknopf zu drücken, befiehlt ihr der Versuchsleiter fortzufahren. Um sich aus dieser Situation frei zu machen, muss die Versuchsperson einen klaren Bruch mit der Autoritätsperson herbeiführen. Es war die Absicht meiner Untersuchung, herauszufinden, wann und auf welche Weise Menschen sich unter dem Eindruck eines deutlichen moralischen Imperativs gegen die Autorität auflehnen würden.

[...] Die erste Reaktion des Lesers auf das Experiment ist möglicherweise die Verwunderung, dass ein Mensch mit gesundem Verstand überhaupt die ersten Schocks erteilen kann. Würde sich die Versuchsperson nicht vielmehr einfach weigern und das Laboratorium verlassen? Tatsache ist, dass keine dies jemals tut. Da die Versuchsperson in das Labor gekommen ist, um dem Experimentator zu helfen, ist sie durchaus bereit, mit der Prozedur zu beginnen. Daran ist gar nichts ungewöhnlich, besonders da die Person, der die Schocks verabreicht werden sollen, zunächst kooperativ, wenn auch ein wenig ängstlich wirkt. Aber überraschend ist, wie lange sich durchschnittliche Menschen den Anordnungen des Versuchsleiters fügen. Die Ergebnisse des Experiments sind so überraschend wie bestürzend. Trotz der Tatsache, dass viele Versuchspersonen Stresserfahrungen durchmachen, trotz der Tatsache, dass viele von ihnen gegenüber dem Versuchsleiter protestieren, macht doch ein bemerkenswerter Prozentsatz bis zum höchsten Schock auf dem Generator weiter.

Viele gehorchen dem Versuchsleiter, gleichgültig, wie heftig das Opfer unter Schock auch fleht, gleichgültig, wie schmerzhaft die Schocks zu sein scheinen, gleichgültig, wie sehr es darum bittet, erlöst zu werden. Dies zeigte sich bei unseren Untersuchungen immer wieder und wurde auch an anderen Universitäten, die das Experiment wiederholten, festgestellt.

Aus Stanley Milgram: Das Milgram-Experiment, deutsch: Roland Fleissner, © by Rowohlt Verlag GmbH, Reinbeck 1974

1. Die Versuchspersonen handeln offensichtlich unter dem Druck des «Versuchsleiters», also einer Autoritätsperson, nicht so, wie sie es «in Freiheit» tun würden. Bitte überlegen Sie: Was hätten die Versuchspersonen für Möglichkeiten gehabt, die Tortur zu vermeiden?
2. Warum haben sie von diesen Alternativen keinen Gebrauch gemacht?

3. Falls Sie trotzdem der Meinung sind, der
   Mensch sei frei: Welche Argumente würden
   Sie zur Begründung anführen?
4. Wie hätten Sie sich als Versuchsperson verhalten?

Was heisst Freiheit?

Philosophen, aber auch Psychologen und andere Wissenschaftler beschäftigen sich seit Jahrhunderten mit der Frage: Ist
der Mensch frei? Oder wird er im Grunde bestimmt von Bedürfnissen, gesellschaftlichen Umständen, politischem Druck, seinen
eigenen Trieben? – Will man die Frage beantworten, muss man
zunächst klären, was man unter Freiheit überhaupt versteht.

Man könnte etwa sagen – um beim Milgram-Beispiel zu bleiben –, die Freiheit einer Versuchsperson bestehe darin, dass sie
überhaupt verschiedene Alternativen bedenken kann. Sie kann
sich überlegen: Will ich dem Versuchsleiter gehorchen, will ich
den Raum demonstrativ verlassen, oder will ich das «Opfer» be-
freien? Vielleicht haben die Versuchspersonen wenigstens diese
Freiheit wahrgenommen.

Man könnte aber argumentieren, das nütze noch gar nichts.
Um frei zu handeln, müsse die Versuchsperson auch unabhän-
gig von Zwängen sein, in diesem Fall vom inneren Zwang, einer
Autorität zu gehorchen. Diese Freiheit hatten die Kandidaten offenbar nicht. Es sei denn, sie hätten die «Opfer» quälen *wollen*.

Freiheit kann aber noch umfassender verstanden werden,
nämlich als Fähigkeit, nach moralischen Regeln zu handeln, das
heisst diejenige Handlungsalternative zu wählen, die ethisch geboten ist. Diese Freiheit haben die Versuchspersonen allesamt
nicht realisiert.

Dementsprechend unterscheidet die Philosophie drei Freiheitsbegriffe: die Wahlfreiheit, die Handlungsfreiheit und die Willensfreiheit.

1. Die *Wahlfreiheit* besagt, dass der Mensch fähig ist, willentlich und nicht nur instinktbestimmt wie das Tier zu handeln. Dieses tut in der Regel, was ihm seine innere Programmierung vorschreibt: Bedürfnisbefriedigung. Der Mensch hingegen kann zwischen Alternativen unterscheiden und eine Entscheidung treffen: Ich kann mir – um ein anderes Beispiel zu nehmen – mindestens überlegen, ob ich zum Dessert ein Stück Schwarzwälder Torte essen will oder einen Fruchtsalat. Dieser Freiheitsbegriff ist *formal-positiv:* Er sagt, dass ich etwas wählen kann, aber nicht was. – Wahlfreiheit heisst Freiheit, *zwischen* Alternativen zu unterscheiden.

2. Die *Handlungsfreiheit* besagt, dass das Handeln des Menschen nicht von äusseren oder inneren Zwängen bestimmt ist, dass er also selber entscheidet, was er tut. Meine Entscheidung für die Schwarzwälder Torte (oder für den Fruchtsalat) ist also nicht einfach die Folge meiner unbewussten Antriebe, sondern meines Willensaktes. Dieser Freiheitsbegriff ist nur *negativ:* Er sagt, dass ich nicht einfach tun muss, was mir irgendeine (innere oder äussere) Instanz vorschreibt. Das ist die Vorstellung, welche die Umgangssprache mit dem Wort Freiheit verbindet. – Handlungsfreiheit heisst Freiheit *von* Zwängen.

3. Die *Willensfreiheit* besagt darüber hinaus, dass ich meine Handlungsziele nach sittlichen Überlegungen festsetzen kann, nach Überlegungen also, die das Wohl anderer Men-

schen mit berücksichtigen. Ich kann zum Beispiel auf die Schwarzwälder Torte verzichten, wenn nur noch eine da ist, die ich meinem Begleiter überlassen will, weil er diesen Nachtisch über alles liebt. Dieser Freiheitsbegriff ist *material-positiv*: Er sagt, dass ich im Dienste bestimmter moralischer Ziele handeln kann. – Willensfreiheit heisst Freiheit *zu* ethischem Handeln.

> Wahlfreiheit heisst, zwischen Alternativen unterscheiden zu
> können (Freiheit *zwischen*).
> Handlungsfreiheit heisst, keinen Zwängen zu unterliegen
> (Freiheit *von*).
> Willensfreiheit heisst, ethischen Zielen gemäss zu handeln
> (Freiheit *zu*).

Die drei Begriffe stehen in einem logischen Abhängigkeitsverhältnis. Handlungs- und Willensfreiheit setzen die Wahlfreiheit voraus: Wie kann ich frei von Zwängen oder gar nach ethischen Grundsätzen handeln, wenn ich nicht einmal realisiere, dass es verschiedene Handlungsalternativen gibt? Wenn mir nicht einmal in den Sinn kommt, dass es etwas anderes gäbe, als die Torte zu essen, sind weder meine Handlungen noch mein Wille frei.

Ausserdem setzt die Willensfreiheit mindestens zeitweise die Handlungsfreiheit voraus: Wenn ich mich nicht wenigstens von Zeit zu Zeit von zwanghaften Bestimmungen zu lösen vermag, kann ich meine Handlungen nicht nach moralischen Gesichtspunkten ausrichten.

Ist der Mensch frei?

Zurück zur Frage, ob der Mensch frei sei. Die Milgram-Experimente sind ein starkes Argument, sie zu verneinen: Die Versuchspersonen waren alle weder willens- noch handlungsfrei, höchstens wahlfrei.

Allerdings gibt es auch Gegenargumente. Erstens beweist die Tatsache, dass eine Gruppe von Menschen bestimmte Freiheiten nicht umsetzt, durchaus noch nicht, dass diese Freiheiten nicht bestehen. Zweitens muss man vermuten, dass die sehr spezielle Versuchsanordnung einen erheblichen Druck auf die Kandidaten ausgeübt hat, so dass Handlungs- und Willensfreiheit für Menschen gerade in dieser Situation sehr schwer zu realisieren sind.

Das dritte Gegenargument ist das stärkste: Stellen Sie sich vor, es gäbe tatsächlich keine Handlungs- und Willensfreiheit. Dann wären Sie ein blosser Spielball äusserer und innerer Antriebe und würden sich von einer Maschine höchstens durch die Wahlfreiheit unterscheiden. Im Gegensatz zur Maschine könnten Sie dann Handlungsalternativen in Betracht ziehen; das würde Ihnen aber wenig helfen, wenn Sie sich letztlich dann doch fremdbestimmt und mechanisch verhalten müssten. Ginge dem Menschen durch die Annahme, er verfüge weder über Handlungs- noch Willensfreiheit, nicht jegliche Autonomie und Würde verloren?

Es sprechen also gute Gründe für und gegen die Freiheit des Menschen. Wie lässt sich das Dilemma lösen? Eine der überzeugendsten Antworten darauf hat Immanuel Kant (1724–1804) gegeben. Er argumentiert, dass es zwei unterschiedliche Betrachtungsweisen gibt: Der Mensch ist einerseits ein *körperliches Wesen* in der empirischen Welt. Als solches gehorcht er dem

Grundgesetz dieser Welt, der *Kausalität*. Alles, was in der äusseren Welt geschieht, hat eine Ursache. Alles Geschehen ist demzufolge kausal (vgl. Kapitel 3) bestimmt. So gehorcht beispielsweise unser Körper den physikalischen und chemischen Gesetzen.

Andererseits ist der Mensch auch ein *denkendes Wesen*. Als solches kann er unterscheiden zwischen Alternativen und kann seinem eigenen Willen folgen. Als Vernunftwesen ist der Mensch also *frei*. Nur schon die Tatsache, dass ich über Freiheit nachdenken kann, beweist dies.

Was folgt aus diesem «Einerseits-Andererseits»? – Ganz einfach: Die Frage ist in der Theorie gar nicht entscheidbar. In der Praxis hingegen gibt es ein sehr überzeugendes, ja eigentlich gar nicht widerlegbares Argument für die Freiheit des Menschen: Um überhaupt irgendwelche Handlungsaufforderungen formulieren zu können, müssen wir schon voraussetzen, dass der Aufgeforderte auch die Freiheit hat, ihnen zu folgen. Es macht wenig Sinn, beispielsweise an Verantwortung der Leute zu appellieren und sie zum Umsteigen auf die öffentlichen Verkehrsmittel aufzufordern, wenn wir nicht annehmen, dass sie dies auch können.

Solche Aufforderungen aber machen wir permanent, nicht nur die Politiker und die Ethiker, sondern wir alle in unserem Alltag. Das heisst, es ist sinnlos, darüber zu streiten, ob der Mensch frei ist; wir müssen Freiheit einfach voraussetzen, wenn wir uns nicht selber widersprechen wollen. Philosophisch gesprochen: Freiheit ist ein moralisches Postulat.

Kant betrachtet also die Wahlfreiheit als Selbstverständlichkeit, die Handlungsfreiheit als Postulat und die Willensfreiheit – die moralische Pflicht – als Gebot der Vernunft.

> Die (Handlungs-)Freiheit des Menschen ist keine Tatsachenfrage, sondern ein moralisches Postulat.

Was lässt sich aus diesen Überlegungen für die Lebenspraxis ableiten? Mir scheint, es ergeben sich drei Konsequenzen:

1. Es macht keinen Sinn, theoretisch über die Frage zu debattieren, ob der Mensch frei ist oder nicht. Wir müssen vielmehr voraussetzen, dass er es *prinzipiell ist* und dass diese Freiheit gerade seine Würde ausmacht.

2. Das heisst aber noch nicht, dass es jedem Menschen in jeder Situation gleich leicht fällt, seine Freiheit auch wahrzunehmen. Selbstverständlich gibt es Erschwernisse und Hürden, und die zu überwinden gelingt vielen häufig nicht: Selbstverständlich *fühlen* wir uns oft unfrei.

3. Es geht also darum, diese inneren und äusseren Zwänge möglichst klein zu halten, für uns und für andere. Es geht darum, dass ich selbst immer besser lerne, die Freiheit, die ich grundsätzlich habe, auch *tatsächlich zu leben*. Und es geht darum, dies meinen Mitmenschen ebenfalls zu gestatten.

Zur Freiheit verurteilt

Der Existentialismus, eine philosophische Strömung des 20. Jahrhunderts, hat die Freiheit des Menschen noch viel radikaler verstanden. Die Existentialisten interessieren die traditionellen theoretischen Fragestellungen der Philosophie weniger, sie wollen vielmehr das ganz konkrete, praktische Dasein des Menschen ins Zentrum stellen, seine «Existenz» eben. Der Franzose Jean-Paul Sartre (1905–1980), einer der bekanntesten Existentialisten, hat die Freiheit des Menschen vielleicht am konsequentesten interpretiert.

Was ist der Mensch? Die Frage kann man heute, meint Sartre, gar nicht mehr beantworten. Die religiösen und moralischen Weltbilder, die dem Menschen eine bestimmte Natur und eine feste Stellung im Kosmos zuschrieben, haben im 20. Jahrhundert ausgedient. Nach dem Niedergang einer allgemeinverbindlichen Religion, nach den Erschütterungen der einst selbstverständlichen Identität des Menschen – man denke an Kopernikus, Darwin oder Freud – kann keiner mehr behaupten, er wisse, was der Mensch sei.

Der Mensch ist in die Welt «hineingeworfen», ohne dass verbindlich vorgegeben wäre, was er zu sein hat. Er ist zunächst also einfach nichts. Dann aber muss er selber bestimmen, was er ist. Er definiert sich selbst. Er wählt sein Leben und entscheidet damit, was er ist. Der Mensch «entwirft» sich selber. Oder wie Sartre sagt:

> Der Mensch ist, wozu er sich macht.

Ein Mensch wählt vielleicht das Leben eines Politikers, der bestimmte gesellschaftliche Ziele erreichen will, der andere das einer Krankenschwester, die sich in den Dienst hilfsbedürftiger Menschen stellt, der dritte das eines Verbrechers, der alle Mittel zum Zweck des persönlichen Wohlbefindens einsetzt. Auf jeden Fall entwirft jeder sein Leben selber. Das geschieht natürlich nicht so, dass einer sich als Kind hinsetzt und seinen Lebensplan entwirft, nach dem er dann lebenslang vorgeht. Der Entwurf seines eigenen Daseins muss nicht einmal bewusst ablaufen. Vielmehr entwickelt sich das Leben jedes Menschen – oder vielmehr entwickelt *er* sein Leben allmählich, er baut es aus seinen unzähligen einzelnen Entscheidungen und Handlungen auf.

Worauf es Sartre ankommt: Der Mensch *ist* dabei nicht nur frei, sondern er *kann gar nicht anders*, als seine Freiheit wahrzunehmen, er muss ja sein Leben leben. Die Freiheit ist das spezifische Schicksal des Menschen, «der Mensch ist Freiheit», wie Sartre sagt, oder:

Der Mensch ist zur Freiheit verurteilt.

Dann wäre es also dem Belieben jedes Menschen anheimgestellt, als was er sich entwirft, ob er ein nützliches Glied der Gesellschaft oder ein Verbrecher wird? Anything goes? – Nein, sagt Sartre, denn indem ich mein Leben wähle, wähle ich zugleich eine bestimmte Vorstellung des Menschseins. Der Entwurf meines Lebens beinhaltet zugleich einen Entwurf des Menschen überhaupt. Ich kann nicht sagen: Für mich heisst Menschsein dieses, aber für meine Mitmenschen soll es etwas anderes bedeuten. Daher widerspricht sich der Lebensentwurf des Verbrechers selber. Ich bin für meine Wahl voll verantwortlich, nicht nur mir selber gegenüber, sondern der ganzen Menschheit. Die Kehrseite der Freiheit heisst eben Verantwortung. Oder in Sartres Formulierung: «Der individuelle Akt bindet die ganze Menschheit.»

Freiheit schliesst Verantwortung ein.

Von welcher Freiheit redet Sartre eigentlich? Der Gedankengang macht klar, dass Freiheit für ihn nicht bloss Wahlfreiheit heisst: Es geht ihm ja darum, dass der Mensch seinen Entwurf handelnd lebt, also um die Handlungsfreiheit. Indem damit aber die Verantwortung für alle Menschen eingeschlossen ist, geht es zugleich um ein moralisches Moment, ist mit der Handlungs- zugleich die Willensfreiheit gemeint.

1. Bitte überlegen Sie, wo überall Sie sich in Ihrer Freiheit eingeschränkt fühlen. Machen Sie eine Liste der Gefängnisstäbe, die Sie einschränken:
   • in Ihrer täglichen Arbeit
   • in Ihren beruflichen Entwicklungsmöglichkeiten
   • in Ihrem familiären Umfeld
   • im Freundes- und Bekanntenkreis
2. Nehmen Sie Ihre Wahlfreiheit wahr, das heisst: Überlegen Sie für jede Einschränkung zwei, drei Möglichkeiten, sie zu überwinden (Feilen für die Stäbe).
3. Nehmen Sie Ihre Handlungsfreiheit wahr, das heisst: Machen Sie sich bewusst, was Sie davon abhält, diese Möglichkeiten wahrzunehmen.

4. Nehmen Sie Ihre Willensfreiheit wahr: Sofern Sie davon überzeugt sind, dass Sie diese Möglichkeiten nutzen sollten: versuchen Sie, sich von den Barrieren zu lösen, und realisieren Sie die Möglichkeiten. (Sägen Sie die Stäbe durch!)
5. Schauen Sie Ihr Leben existentialistisch an. Versuchen Sie zu formulieren, nach welchem Entwurf Sie bisher gelebt haben. Überprüfen Sie, ob Sie ihn als (auch für andere) verbindlichen Entwurf des Menschseins betrachten können.

7. Zeit – Jederzeit abschliessen können

Wie gehen Sie mit Ihrer Zeit um? Das ist eine der entscheidendsten Fragen für Sie als Mensch und als Führungskraft. Ob Sie im Sinne Sartres Ihren individuellen Lebensentwurf verwirklichen wollen oder ob Sie als Vorgesetzte oder Vorgesetzter Ihre Führungsziele erreichen wollen: Ihre Zeit ist begrenzt. Sie müssen sie also richtig nutzen. Ob Ihre Pläne gelingen, darüber entscheidet ganz massgeblich Ihr Umgang mit der Zeit. Das weiss der Volksmund so gut wie die Management-Theoretiker. Zeit ist Geld, sagt der eine; von Time-Management reden die andern.

Doch was ist Zeit eigentlich? Die Frage scheint banal, ist es aber nicht. Sie hat in der Physik und in der Philosophie gleichermassen zu umfangreichen Auseinandersetzungen geführt, ohne dass das Phänomen endgültig geklärt wäre. Eine Kalendergeschichte des Elsässer Schriftstellers Johann Peter Hebel soll in die Fragestellung einführen. Sie heisst «Unverhofftes Wiedersehen», stammt aus dem Jahre 1811 und beruht auf einem tatsächlichen Ereignis.

In Falun in Schweden küsste vor guten fünfzig Jahren und mehr ein junger Bergmann seine junge hübsche Braut und sagte zu ihr: «Auf Sankt Luciä wird unsere Liebe von des Priesters Hand gesegnet. Dann sind wir Mann und Weib und bauen uns ein eigenes Nestlein.» – «Und Friede und Liebe soll darin wohnen», sagte die schöne Braut mit holdem Lächeln, «denn du bist mein einziges und alles, und ohne dich möchte ich lieber im Grab sein als an einem andern Ort.» Als sie aber vor Sankt Luciä der Pfarrer zum zweitenmal in der Kirche ausgerufen hatte: «So nun jemand ein Hindernis wüsste anzuzeigen, warum diese Personen nicht möchten ehelich zusammenkommen», da meldete sich der Tod. Denn als der Jüngling den andern Morgen in seiner schwarzen Bergmannskleidung an ihrem Haus vorbeiging, der Bergmann hat sein Totenkleid immer an, da klopfte er zwar noch einmal an ihrem Fenster und sagte ihr guten Morgen, aber keinen guten Abend mehr. Er kam nimmer aus dem Bergwerk zurück, und sie saumte vergeblich selbigen Morgen ein schwarzes Halstuch mit rotem Rand für ihn zum Hochzeitstag, sondern als er nimmer kam, legte sie es weg und weinte um ihn und vergass ihn nie. Unterdessen wurde die Stadt Lissabon in Portugal durch ein Erdbeben zerstört, und der Siebenjährige Krieg ging vorüber, und Kaiser Franz der Erste starb, und der Jesuitenorden wurde aufgehoben und Polen geteilt, und die Kaiserin Maria Theresia starb, und der Struensee wurde hingerichtet, Amerika wurde frei, und die vereinigte französische und spanische Macht konnte Gibraltar nicht erobern. Die Türken schlossen den General Stein in der Veteraner Höhle in Ungarn ein, und der Kaiser Joseph starb auch. Der König Gustav von Schweden eroberte russisch Finnland, und die Französische Revolution und der lange Krieg fing an, und der Kaiser Leopold der Zweite ging auch ins Grab. Napoleon eroberte Preussen, und die Engländer bombardierten Kopenhagen, und die Ackerleute säeten und schnitten. Der Müller mahlte, und die Schmiede hämmerten, und die Bergleute gruben nach den Metalladern in ihrer unterirdischen Werkstatt. Als aber die Bergleute in Falun im Jahr 1809 etwas vor oder nach Johannis zwischen zwei Schachten eine Öffnung durchgraben wollten, gute dreihundert Ellen tief unter dem Boden, gruben sie aus dem Schutt und Vitriolwasser den Leichnam eines Jünglings heraus, der ganz mit Eisenvitriol durchdrungen, sonst aber unverwest

und unverändert war; also dass man seine Gesichtszüge und sein
Alter noch völlig erkennen konnte, als wenn er erst vor einer Stunde
gestorben oder ein wenig eingeschlafen wäre an der Arbeit. Als man
ihn aber zu Tag ausgefördert hatte, Vater und Mutter, Gefreundte und
Bekannte waren schon lange tot, kein Mensch wollte den schlafenden
Jüngling kennen oder etwas von seinem Unglück wissen, bis die ehe-
malige Verlobte des Bergmanns kam, der eines Tages auf die Schicht
gegangen war und nimmer zurückkehrte. Grau und zusammenge-
schrumpft kam sie an einer Krücke an den Platz und erkannte ihren
Bräutigam; und mehr mit freudigem Entzücken als mit Schmerz sank
sie auf die geliebte Leiche nieder, und erst als sie sich von einer langen
heftigen Bewegung des Gemüts erholt hatte, «es ist mein Verlobter»,
sagte sie endlich, «um den ich fünfzig Jahre lang getrauert hatte und
den mich Gott noch einmal sehen lässt vor meinem Ende. Acht Tage
vor der Hochzeit ist er unter die Erde gegangen und nimmer heraufge-
kommen.» Da wurden die Gemüter aller Umstehenden von Wehmut
und Tränen ergriffen, als sie sahen die ehemalige Braut jetzt in der
Gestalt des hingewelkten kraftlosen Alters und den Bräutigam noch in
seiner jugendlichen Schöne, und wie in ihrer Brust nach fünfzig
Jahren die Flamme der jugendlichen Liebe noch einmal erwachte; aber
er öffnete den Mund nimmer zum Lächeln oder die Augen zum
Wiedererkennen; und wie sie ihn endlich von den Bergleuten in ihr
Stüblein tragen liess, als die einzige, die ihm angehöre und ein Recht
an ihn habe, bis sein Grab gerüstet war auf dem Kirchhof und ihn die
Bergleute holten, schloss sie ein Kästlein auf, legte sie ihm das
schwarzseidene Halstuch mit roten Streifen um und begleitete ihn als-
dann in ihrem Sonntagsgewand, als wenn es ihr Hochzeittag und
nicht der Tag seiner Beerdigung wäre. Dann als man ihn auf dem
Kirchhof ins Grab legte, sagte sie: «Schlafe nun wohl, noch einen Tag
oder zehn im kühlen Hochzeitbett, und lass dir die Zeit nicht lange
werden. Ich habe nur noch wenig zu tun und komme bald, und bald

wird's wieder Tag. – Was die Erde einmal wiedergegeben hat, wird sie zum zweitenmal auch nicht behalten», sagte sie, als sie fortging und noch einmal umschaute.

Aus J. P. Hebel: Schatzkästlein des Rheinischen Hausfreundes, © by Goldmann Verlag, München 1978

 In der Erzählung stossen zwei verschiedene «Zeiten» aufeinander, die «Zeit» der jungen/alten Braut und die historische «Zeit» der geschichtlichen Ereignisse: Bitte überlegen Sie, in welcher Beziehung die beiden «Zeiten» zueinander stehen.

Subjektive und objektive Zeit

Hebels Erzählung hat drei Abschnitte: Im ersten und dritten wird die Geschichte der zwei Liebenden erzählt. Im zweiten, mittleren Teil (von «Unterdessen …» bis «…Werkstatt») reiht er lediglich historische Ereignisse aneinander oder erwähnt die immer gleiche Arbeit der Leute. Dass Anfangs- und Schlussteil zusammengehören und dem mittleren gegenüberstehen, zeigt sich in zahlreichen zusätzlichen Textmerkmalen: In Teil eins und drei kommen konkrete lebendige Figuren in ihrer Lebenswelt vor, in Teil zwei nur historische Persönlichkeiten oder immer gleich verlaufende Ereignisse. Anfang und Schluss sind in langen, komplexen Satzgefügen erzählt, der Mittelabschnitt ist eine blosse Liste kurzer Hauptsätze. Im ersten und dritten dominieren die Gefühle, im mittleren die Fakten. Dort gibt es direkte Rede und die wiederkehrende Symbolik von Liebe und Tod (schwarzes Tuch mit rotem Rand), von Hochzeit und Begräbnis, im Zwischenteil nicht.

Und doch sind die drei Teile eng miteinander verbunden: durch die Zeit.

Was im Anfang- und Schlussteil berichtet wird, erhält seine Bedeutung nur durch den Mittelteil: durch die lange Zeit mit all den historischen Ereignissen, die dazwischen verstreicht. Nur weil ein halbes Jahrhundert zwischen Tod und Entdeckung des Jünglings liegt, ist das Wiedersehen derart «unverhofft». Nur deshalb wirkt die paradoxe Wiedervereinigung der Liebenden so ergreifend auf die «Umstehenden»: Er ist jung und schön, aber tot und kalt; sie ist alt und welk, aber lebendig und warm vor Liebe.

Offenbar haben wir es hier mit zwei ganz verschiedenen Zeiten zu tun. Man hat sie in der Philosophie als objektive und subjektive Zeit bezeichnet.

Die *objektive Zeit* ist diejenige, an der alle Anteil haben, die sich mit Uhren messen lässt, in die man alle Ereignisse exakt einordnen kann. Sie lässt sich denken als eindimensionaler Strahl, als unendlicher Massstab, auf dem sich alles, was geschieht, lokalisieren lässt. Sie besteht aus einer endlosen, unendlichen Folge von Jetzt-Punkten, die in die «Zukunft» verläuft; oder umgekehrt gesagt, die «Zukunft» fliesst auf das Jetzt zu, passiert es und strömt in die «Vergangenheit». Streng genommen gibt es gar keine Gegenwart. Denn sobald wir ein Jetzt als Gegenwart feststellen, ist es schon wieder vergangen. Das Jetzt ist gewissermassen eine Messerschneide, die «Vergangenheit» von «Zukunft» trennt, eine Messerschneide allerdings, die sich selber in die «Zukunft» hinein bewegt. Doch auch die Begriffe «Vergangenheit» und «Zukunft» beschreiben die objektive Zeit eigentlich nicht korrekt: Sie gelten ja nur bezogen auf ein bestimmtes Jetzt: Was jetzt noch «Zukunft» ist, ist im nächsten Moment schon «Vergangenheit». In Wirklichkeit wird die objektive Zeit nur durch die Begriffe «früher als» und «später als» erfasst, durch die Beziehung von verschiedenen Ereignissen auf dem unendlichen Zeitstrahl.

Die objektive Zeit selber ist leer. Sie dient nach Kant unserem Erkenntnisvermögen als leere Form der Anschauung, als inhaltsloser Raster, in den wir alles, was geschieht, einordnen. Es hat sogar Philosophen gegeben, die sie als irreal betrachtet haben, als eine blosse, sozusagen mathematische Konstruktion des Menschen.

Die *subjektive Zeit* dagegen meint die Zeitlichkeit, die der Mensch in seinem Dasein erlebt. Sie ist nicht leer, sondern erfüllt von allem, was den Menschen angeht. Sie ist endlich, begrenzt durch den Tod. Sie lässt sich durch die Begriffe Vergangenheit, Gegenwart und Zukunft verstehen. Zu jeder Gegenwart gibt es eine bestimmte Vergangenheit und eine offene Zukunft. Quantität ist in der subjektiven Zeit nicht ausschlaggebend, sondern Qualität, die Qualität dessen, was die subjektive Zeit erfüllt: die Lebensqualität.

Die alte Braut in Hebels Geschichte lebt ganz in der subjektiven Zeit. Sie empfindet die Qualität ihrer Beziehung zum Geliebten, auch wenn (objektiv) fünfzig Jahre vergangen sind. Sie misst die Differenz zwischen dem Verlust ihres Mannes und seiner Wiederentdeckung nicht in Begriffen der (objektiven) Zeit, sondern nur an seiner Präsenz in ihrer eigenen Erinnerung, ihrer Vergangenheit, und da gibt es keinen Abstand.

Den Unterschied zwischen den beiden Zeiten kennt jedermann aus seinem eigenen Leben. Es gibt (objektiv) lange Zeiten, die uns (subjektiv) kurz vorkommen, wenn die Gegenwart erfüllt ist, in Momenten des Glücks oder der Zufriedenheit. Dann erleben wir auch Gegenwart, die es (objektiv) gar nicht gibt, eine erfüllte, sozusagen angehaltene Zeit. Umgekehrt kommen uns (objektiv) kurze Zeiten lang vor, etwa wenn wir warten. Dann reden wir (subjektiv) von Langeweile, die vielleicht (objektiv) gar nicht lange dauert; damit ist ja auch nur unser Zeiterleben, nicht die (objektive) Zeit selber gemeint.

Subjektive und objektive Zeit unterscheiden sich also in folgenden Punkten:

Objektive Zeit	Subjektive Zeit
• bestimmt durch «früher als …» und «später als …»	• bestimmt durch «Vergangenheit», «Gegenwart» und «Zukunft»
• unendlich	• endlich
• leer	• erfüllt
• quantitativ	• qualitativ
• mit Uhren messbar	• nicht mit Uhren messbar

Die objektive (quantitative) Zeit ist eine unendliche, leere Abfolge von Jetzt-Punkten nach dem Prinzip von «früher» und «später».
Subjektive (qualitative) Zeit ist die endliche, erfüllte Zeitwahrnehmung in der Einheit von Vergangenheit, Gegenwart und Zukunft.

Subjektive Zeit als Zeitlichkeit der Existenz

Welches Zeitverständnis ist für den Menschen primär, welches hat für sein Leben Vorrang? – Der deutsche Philosoph Martin Heidegger (1889–1976), der Vorläufer von Jean-Paul Sartre, untersucht in seinem Hauptwerk «Sein und Zeit» (1927) die Grundbedingungen des menschlichen Daseins. Die zentrale Struktur der Existenz findet er in der Zeitlichkeit, also der subjektiven Zeit.

Was ist das Besondere des menschlichen Seins – Heidegger nennt es Dasein oder Existenz – im Gegensatz zum Sein der Dinge? Der Mensch findet sich in die Welt hineingeworfen. Aber im Unterschied zu den Dingen verhält sich der Mensch zu sich selbst und zu den Dingen verstehend. Was er selber ist, wird ihm nicht vorgegeben, sondern er entwirft sich auf die Zukunft hin. Sie kennen den Gedanken von Sartre. Die wesentliche Rahmenbedingung seines Daseins ist die Zeit: Des Menschen Leben ist endlich; er weiss, dass er sterben wird. Der Tod setzt seiner Existenz die Grenze. Das ganze Dasein steht also unter dem Zeichen der endlichen Zeit, genauer der endlichen Zukunft, auf die hin er sich entwirft.

Wie sieht die Zeitlichkeit der menschlichen Existenz genauer aus? In allem, was der Mensch tut, ist er *zukunftsgerichtet*, im täglichen Umgang mit Menschen und Dingen, aber auch im Hinblick auf seine grösseren Ziele. Gleichzeitig aber ist er immer schon in die Welt geworfen und damit schon *Gewesener*. Er entwirft sich mit dem, was er schon gewesen ist, nämlich in die Welt geworfen. Heidegger redet von «Gewesenheit» statt von «Vergangenheit»; denn vergehen tun nur Dinge, nicht der Mensch: Mein Ich vor einem Jahr ist ja nicht «vergangen», sondern es existiert noch. Drittens schliesslich ist und handelt der Mensch ja jetzt, mit dem, was er vorfindet, also *gegenwärtig*. Diese Verbindung von Zukunft, Gewesenheit und Gegenwart kennzeichnet die Zeitlichkeit des Menschen. Die drei Momente sind nicht voneinander zu trennen; es gibt das eine nicht ohne die zwei andern.

Nach Heidegger kann der Mensch entweder wesentlich oder

unwesentlich leben. Wenn er seinen Tod vergisst, seinen Lebensentwurf nicht an der Endlichkeit der Existenz ausrichtet, wenn er gewissermassen nur in der Gegenwart ist, lebt er unwesentlich. Dann lebt er so, wie «man» lebt. Er tut, was «man» tut, denkt, was «man» denkt, hält sich an die Mode. Dann wählt er nicht *sein* Leben, sondern das des «Man». Eigentlich leben dagegen heisst sein ganzes Leben auf die Endlichkeit zentrieren, heisst seine Existenz im Bewusstsein entwerfen, dass sie einmal abgeschlossen ist, heisst todesbewusst leben. Wer eigentlich lebt, wählt *sein* Leben.

Sie sehen, Hebels Geschichte rührt an alle wesentlichen Aspekte der Zeitlichkeit: an die Unterscheidung zwischen subjektiver und objektiver Zeit, an die Verbindung Zeitlichkeit – Tod, an die Frage nach der Endlichkeit (oder Unendlichkeit) der Zeit, an den Unterschied von Zeitquantität und Zeitqualität.

Die Zeitlichkeit des Daseins, die subjektive Zeit, so Heidegger, ist die primäre Zeiterfahrung. Die objektive Zeit ist nur eine quasi wissenschaftliche Abstraktion, eine Ableitung davon. Für das Leben des Menschen, nicht für die Wissenschaft, spielt die subjektive Zeit die wichtigere Rolle.

> Die subjektive Zeit ist die primäre Zeiterfahrung des Menschen. Ihr gemäss leben heisst sich ihrer Endlichkeit bewusst sein, heisst Todesbewusstsein.

Der Umgang mit Zeit und Zeitlichkeit

Welche praktischen Konsequenzen haben diese Einsichten? Eine ganze Reihe:

1. Die Zeit jedes Menschen ist endlich. Zwar weiss keiner genau, wann der Tod eintritt, wohl aber, dass er kommt. Wo die Güter begrenzt sind, heisst es, haushälterisch mit ihnen umzugehen. Das Gut Zeit ist knapp, nicht nur weil es in einem Menschenleben nicht unermesslich vorhanden ist, sondern auch, weil viel in einer (objektiven) Zeitspanne erledigt sein will. Da heisst es, *Prioritäten* zu setzen. Wer stets keine Zeit hat, hat keine Prioritäten gesetzt. Die Lösung ist nicht neu. Nur fragt sich, nach welchem Kriterium Prioritäten zu setzen. Aus philosophischer Sicht kann das Kriterium nur heissen: *das gelungene, geglückte Leben.* Das allerdings ist für viele Führungskräfte neu. Nicht nach dem betriebswirtschaftlichen Nutzen, nicht nach der Karriere à tout prix, sondern nach Ihrem eigenen Lebensentwurf gilt es Prioritäten zu setzen.

2. In unserer Wirtschaft und Gesellschaft wird die Zeit fast ausschliesslich als objektive Zeit begriffen, und diese wird zudem ans Geld gebunden. Die objektive Zeit ist nur quantitativ erfassbar, daher liegt es nahe, sie mit dem Geld zu koppeln. Zeit ist Geld, der Satz ist einseitig in doppelter Hinsicht. Zunächst meint er nur die objektive, quantitative Zeit. Ein sinnvoller Umgang mit der Ressource Zeit würde heissen, sie qualitativ, als subjektive Zeit zu sehen. Dann wäre die Frage nicht: Welchen Gewinn bringt der Einsatz einer bestimmten Zeitspanne? Sondern: Welchen Sinn macht es, mir zu einem bestimmten Zeitpunkt Zeit für etwas Bestimmtes

zu nehmen? Nicht der quantitative, sondern *der qualitative Zweck* wäre das Richtmass. Und selbst wenn man in objektiven Zeitbegriffen denkt, muss die Zeit nicht notwendig in den Dienst des wirtschaftlichen Gewinns gestellt werden. Andere mögliche Kriterien wären das Mass an Solidarität im Betrieb, die Befriedigung der Mitarbeiter, ihre Motivation; oder im privaten Bereich: das Familienglück, das Gedeihen der Kinder, die Beziehung zur Frau oder zum Mann. Und wohlgemerkt, alle diese Werte nicht wiederum als Mittel zum Zweck Gewinn, sondern als eigene Zwecke. Das alles heisst selbstverständlich nicht, auf alle wirtschaftlichen Überlegungen zu verzichten und bloss unserem subjektiven Glück oder was wir dafür halten zu huldigen. Ums Wirtschaften und Kalkulieren kommen wir nicht herum, und das muss auch so sein. Es heisst aber, von der Verfallenheit an die objektive Zeit und von ihrer Verknüpfung mit dem Geld loszukommen. Es heisst, der Maxime «Zeit ist Geld» ein Gegengewicht entgegenzusetzen.

3. Natürlich kommen wir nicht darum herum, auch in objektiver Zeit zu kalkulieren: Die Uhr misst uns gnadenlos die Zeiträume zu, die uns zur Verfügung stehen. In aller Regel aber haben wir zu wenig objektive Zeit für das, was zu bewältigen wäre. Da gibt es nur zwei Möglichkeiten: die Zeiträume vergrössern oder den Aufgabenberg verkleinern. Das erste geht nur, wenn zugleich anderswo Zeit gewonnen wird, und das läuft auf das zweite hinaus. Und das heisst: *delegieren.* Auch das ist nicht neu, nur gelingt es vielen nicht besonders gut. Vielleicht wäre der Gedanke eine Hilfe: Die Sache braucht Zeit; aber muss es immer Ihre Zeit sein, Ihre Lebenszeit, Ihre subjektive Zeit. In jedem Einzelfall wäre zu

prüfen, was schwerer wiegt: dass die Aufgabe vielleicht weniger perfekt gelöst wird, wenn Sie sie delegieren, oder dass Sie einen Teil ihrer endlichen subjektiven Zeit dafür «verschwenden».

4. Der Tod ist gewiss, aber nicht, wann er kommt. Daraus lässt sich nur eine praktische Konsequenz ziehen: *jederzeit bereit sein, abzuschliessen.* Das heisst, sein Leben so zu gestalten, dass keine grossen Zahlungen mehr ausstehen. Das heisst, die Bilanz ausgeglichen zu halten. Das heisst, die für Ihr Leben wesentlichen Ziele nicht auf irgendwann, zum Beispiel die Pensionierung, zu verschieben, sondern jetzt für das leben, was im Zentrum steht. Das heisst – noch einmal –, für das zu leben, was unverzichtbar ist: unverzichtbar in Ihrem persönlichen Lebensplan, in Ihrer Werthierarchie, in Ihrem Konzept des Lebenssinns.

Mit dem knappen Gut Zeit richtig umgehen heisst:
- Prioritäten setzen nach dem Kriterium des geglückten Lebens
- die Zeit nicht mit dem Geld koppeln, sondern mit der Lebensqualität
- aus der Aufgabenfülle delegieren
- die Lebensbilanz so ausgeglichen halten, dass Sie jederzeit abschliessen können.

Nehmen Sie sich Zeit und analysieren Sie Ihren Umgang mit der Zeit:

1. Gehen Sie anhand Ihrer Agenda die letzte Woche, den letzten Monat, das letzte Jahr durch: Wo standen (objektiver) Zeitaufwand und lebensqualitativer Gewinn im richtigen Verhältnis, wo nicht?

2. Überlegen Sie sich systematisch: Welche Aufgaben können Sie wem delegieren?

3. Wie steht es mit Ihrer Lebensbilanz? Messen Sie sie an den Mittel-Zweck- und Sinnprofilen aus dem 3. und 4. Kapitel. Wo stehen Rechnungen aus?

8. Wahrheit – Mit dem Vorläufigen leben

«Das ist nicht wahr.» «Was Meier sagt, ist richtig.» «Das ist eine wahre Aussage.» Solche Sätze werden im Alltag meist selbstverständlich und bedenkenlos geäussert. Doch woher nehmen wir die Sicherheit, unsere Gedanken und Meinungen für wahr oder unwahr zu halten? Worauf stützen wir uns dabei? Müssen wir nicht immer wieder erleben, dass unsere festen Überzeugungen bei andern auf ebenso feste, aber völlig gegenteilige Ansichten stossen? Wer hat denn recht? Und hat nicht jeder schon häufig die Erfahrung machen müssen, dass er sich getäuscht hat? – Mit der Wahrheit scheint es nicht so einfach zu sein, wie wir üblicherweise meinen.

In diesem Kapitel geht es um drei Fragen:

1. Was heisst überhaupt Wahrheit?
2. Wie sicher kann man sein, über wahre Einsichten zu verfügen?
3. Wie soll man mit der Begrenztheit der eigenen Erkenntnis umgehen?

Der folgende Textauszug stammt aus Brechts Theaterstück «Leben des Galilei», das erzählt, wie der italienische Renaissance-Wissenschaftler (1564–1642) der Entdeckung des deutschen

Astronomen Nikolaus Kopernikus (1473–1543) zum Durchbruch verhelfen will und dabei mit der römischen Kirche in Konflikt gerät. Kopernikus hatte die Behauptung aufgestellt, dass sich die Erde um die Sonne drehe und nicht umgekehrt, wie man damals glaubte. Im Auszug erklärt Galilei seinem jugendlichen Diener Andrea die neue Lehre.

GALILEI: *Hast du, was ich dir gestern sagte, inzwischen begriffen?*
ANDREA: *Was? Das mit dem Kippernikus seinem Drehen?*
GALILEI: *Ja.*
ANDREA: *Nein. Warum wollen Sie, dass ich es begreife? Es ist sehr schwer, und ich bin im Oktober erst elf.*
GALILEI: *Ich will gerade, dass auch du es begreifst. Dazu, dass man es begreift, arbeite ich und kaufe die teuren Bücher, statt den Milchmann zu bezahlen.*
ANDREA: *Aber ich sehe doch, dass die Sonne abends woanders hält als morgens. Da kann sie doch nicht stillstehn! Nie und nimmer.*
GALILEI: *Du siehst! Was siehst du? Du siehst gar nichts. Du glotzt nur. Glotzen ist nicht sehen. (Er stellt den eisernen Waschschüsselständer in die Mitte des Zimmers.) Also das ist die Sonne. Setz dich. (Andrea setzt sich auf den einen Stuhl. Galilei steht hinter ihm.) Wo ist die Sonne, rechts oder links?*
ANDREA: *Links.*
GALILEI: *Und wie kommt sie nach rechts?*
ANDREA: *Wenn Sie sie nach rechts tragen, natürlich.*
GALILEI: *Nur so? (Er nimmt ihn mitsamt dem Stuhl auf und vollführt mit ihm eine halbe Drehung.) Wo ist jetzt die Sonne?*
ANDREA: *Rechts.*
GALILEI: *Und hat sie sich bewegt?*

ANDREA: Das nicht.
GALILEI: Was hat sich bewegt?
ANDREA: Ich.
GALILEI: (brüllt): Falsch! Dummkopf! Der Stuhl!
ANDREA: Aber ich mit ihm!
GALILEI: Natürlich. Der Stuhl ist die Erde. Du sitzt drauf.

Aus: Bertolt Brecht: Gesammelte Werke, Band 3, Stücke 3, © by Suhrkamp Verlag, Frankfurt a. M. 1967, Seite 1235

Mit Galileis Hilfe macht Andrea eine Entdeckung: Man kann die Bewegung der Sonne auch anders verstehen, als er bisher geglaubt hat: Nicht sie bewegt sich, sondern die Erde und mit ihr der Betrachter. Sollte sich diese neue Interpretation als richtig erweisen, müsste ein ganzes Weltbild begraben werden.

Bitte überlegen Sie:
1. **Andreas Einsicht:**
   - **Worauf hat sich Andreas bisherige Meinung gestützt?**
   - **Worauf stützt sich die neue?**
2. **Ein neues Weltbild:**
   - **Warum haben die Menschen jahrhunderte lang ans geozentrische Weltbild – die Gestirne drehen sich um die Erde – geglaubt?**
   - **Warum sind wir heute sicher, dass das heliozentrische – die Erde dreht sich um die Sonne – wahr ist?**

Andrea hat bisher seinen Augen vertraut: Was er sah, galt. Die Sonne ging im Westen unter und kam im Osten wieder hoch, also musste sie sich in der Nacht verschoben haben. Und jetzt? Auch die neue Einsicht stützt sich auf die Wahrnehmung. Er hat gesehen, dass ein Gegenstand auch anderswo erscheinen kann, wenn nicht er selbst, sondern der Betrachter sich bewegt. Beide Erklärungen stützen sich also auf die unmittelbare Wahrnehmung. Warum soll also die neue Erklärung gelten? Offensichtlich kann man die Frage nur entscheiden, wenn man noch weitere Informationen hat, etwa die Planetenbewegungen und die Venusphasen. Und die legen das heliozentrische Modell nahe.

Das Beispiel ist typisch, sowohl für die Geschichte der Wissenschaft als auch für die Wissensbiographie des einzelnen Menschen. Wissenschaftler erhalten zusätzliche Informationen, stellen neue Überlegungen an, führen andere Experimente durch. Das führt dazu, dass wissenschaftliche Erkenntnisse zweifelhaft werden, dass neue an ihre Stelle treten, dass Verstehensmodelle revidiert werden müssen. Dasselbe geschieht beim einzelnen Menschen: Meinungen ändern sich in jedem Leben, häufig unbedeutende, manchmal aber auch grundsätzlichere. Nicht selten geraten feste Überzeugungen ins Wanken, bisher unbezweifelbare Ansichten können plötzlich brüchig werden. Was einst wahr schien, vielleicht vor zwanzig oder dreissig Jahren, hat sich im nachhinein als naive Täuschung erwiesen.

Was heisst Wahrheit?

Gibt es überhaupt eine beständige Wahrheit? – Um die Frage zu klären, muss zuerst untersucht werden, was Wahrheit heisst. Was meinen wir denn, wenn wir von einer Überzeugung sagen, sie sei wahr? Die traditionelle Antwort der Philosophie lautet:

Ein Beispiel: Wahr ist meine Aussage «Hier steht ein brauner Tisch» dann, wenn das, was ich mir dabei denke, übereinstimmt mit der Wirklichkeit, wenn also tatsächlich ein Tisch da steht und braun ist. Die Übereinstimmung von Gedanke und Wirklichkeit, das scheint banal. Schwieriger wird es, wenn man fragt: Wie können Gedanken und Sachverhalte «übereinstimmen»? Das Denken ist doch etwas Geistiges, im Innern des Menschen Stattfindendes, die Dinge und Sachverhalte hingegen sind meist durchaus konkret, ausserhalb des menschlichen Geistes. Was soll denn damit gemeint sein, die beiden würden «übereinstimmen»?

Zudem, wie liesse sich eine solche «Übereinstimmung» denn nachprüfen? Selbst wenn man das menschliche Gehirn sezieren könnte, würden sich keine Gedanken direkt zeigen, sondern allenfalls elektrische Ströme oder der Fluss chemischer Substanzen. Geistiges ist grundsätzlich etwas Andersartiges als Materielles.

Wohl aber hat das Denken einen materiellen Ausdruck: die Sprache. Es liegt also nahe, statt der Gedanken die Sätze heranzuziehen. Dies ist vielleicht die grundsätzlichste Einsicht und der Ausgangspunkt der modernen Philosophie, der Philosophie des 20. Jahrhunderts. Nicht mehr dem Denken des Menschen gilt das Hauptinteresse, sondern der Sprache. Philosophische Probleme sollen angegangen werden, indem man ihren sprachlichen Ausdruck unter die Lupe nimmt. Man spricht daher auch vom «linguistic turn», von der sprachlichen Wende, welche die Philosophie des 20. Jahrhunderts vollzogen habe. Moderner formuliert, heisst die Definition des Wahrheitsbegriffs somit:

Wahrheit ist die Übereinstimmung von Wirklichkeit und Sprache. Oder noch präziser:

> Wahr ist ein Satz dann, wenn der Sachverhalt zutrifft, den er ausdrückt.

Gelöst ist damit das Problem allerdings noch nicht. Denn mit einer ähnlichen Berechtigung wie beim traditionellen Wahrheitsbegriff könnte man auch hier fragen: Was soll das heissen, ein Satz und ein Sachverhalt «stimmten überein»? Sätze bestehen aus Lauten und oder Buchstaben, wie sollen diese mit Dingen oder Sachverhalten übereinstimmen?

Andererseits wissen wir doch aus Erfahrung, dass es in den meisten Fällen gar keine Zweifel daran gibt, dass unsere Sätze wahr sind, ganz einfach darum, weil andere Menschen ihnen bedenkenlos zustimmen würden. Sätze wie «Heute ist das Wetter schön» oder «Da steht ein brauner Tisch» sind in der Regel nicht Gegenstände heftiger Meinungsverschiedenheiten.

Wie sicher kann man sein, über wahre Einsichten zu verfügen?

Die Frage, wie Denken und Sprache auf der einen Seite und die Wirklichkeit auf der andern aufeinander bezogen sind, oder, anders gesagt, die Frage, wie Erkenntnis zustande kommt, hat die Philosophen seit der Antike immer wieder beschäftigt. Trotzdem ist sie bis heute nicht gelöst.

Man kann die Wahrheitsfrage allerdings auch von einer andern Seite her angehen und fragen, wie weit denn die gesicherte

Erkenntnis geht. Mit andern Worten: Welche Erkenntnisse sind unbezweifelbar wahr? Der französische Philosoph René Descartes (1596–1650) hat sich dieser Frage mit grösster Konsequenz gestellt. Er gab sich mit den alten Welterklärungen nicht mehr zufrieden, zumal sie von den neu erblühten Naturwissenschaften in den Schatten gestellt zu werden drohten. Er wollte die Philosophie und mit ihr die Wissenschaften auf ein solides Fundament stellen, auf eine Basis von Wissen, das unbezweifelbar wahr sei. Ich folge in den kommenden Abschnitten seinem Gedankengang.

Um zu einem sicheren Wissen zu kommen, muss ich zuerst einmal aufräumen mit all dem, was diesem Anspruch nicht genügt. Das heisst, ich darf nichts gelten lassen, an dem ich im geringsten zweifeln kann. Das Verfahren – der methodische Zweifel – bedeutet nicht, dass ich tatsächlich alles Wissen als unwahr betrachte, sondern bloss, dass ich es so lange nicht als gesichert gelten lasse, als ich es bezweifeln kann.

Zuerst muss ich natürlich all die Ansichten über Bord werfen, die ich von irgendwoher übernommen habe, ohne sie zu prüfen. Dann aber auch die Meinungen, die ohnehin nicht unbestritten sind, wie etwa politische, soziale oder weltanschauliche Auffassungen. Was bleibt? Immerhin gibt es dann noch die sinnliche Gewissheit, die Sicherheit also, dass das, was ich mit meinen fünf Sinnen wahrnehme, wahr ist: dass ich mich zum Beispiel in einem bestimmten Raum befinde, auf einem Stuhl sitze, ein Buch in meiner Hand halte usw.

Doch auch hier ist ein Zweifel möglich. Denn die Sinne haben mich auch schon getäuscht. Zudem habe ich ja auch im Traum eine Art Wahrnehmung, und was ich dann sehe und höre, erscheint mir ebenso wirklich wie die Wirklichkeit im Wachzustand. Ist es nicht denkbar, das meine übliche Wirklichkeitswahrnehmung ein Traum höherer Ebene ist, den ich nur darum nicht als Traum durchschaue, weil ich daraus noch nicht erwacht bin? Mindestens ist ein derartiger Zweifel an meiner sinnlichen Wahrnehmung denkbar.

Schliesslich bleibt noch die mathematische Gewissheit. Aber auch die lässt Descartes vorderhand nicht gelten, wieder mit dem Argument, da habe er sich auch schon geirrt, und nicht nur er. So bleibt zuletzt kein Wissen und keine Erkenntnis mehr als allein das Bewusstsein, dass er zweifelt, also denkt. Er denkt, das ist gewiss, und das heisst auch, dass er existiert. Das ist die erste Einsicht, an der er – ohne sich selbst zu widersprechen – nicht mehr zweifeln kann. «Cogito, ergo sum», ich denke, also bin ich: Meine eigene Existenz, das ist die Basis, das ist eine untrügliche Wahrheit.

Auf dieser Basis baut Descartes dann seine Philosophie auf. Allerdings braucht er dazu Argumente, denen wir uns heute kaum mehr einfach anschliessen können. Er beweist nämlich zuerst die Existenz Gottes, und davon leitet er dann die Gewissheit mathematischer Erkenntnisse und die Existenz der äusseren Wirklichkeit ab.

Hat die Argumentation von Descartes für die heutige Zeit, in der sich das Wissen fast ins Unermessliche erweitert hat, noch eine Bedeutung? – Ich denke, ja. Sein Grundgedanke des methodischen Zweifels lautet ja:

Untrüglich wahr sind nur Einsichten, an denen ein begründeter Zweifel nicht denkbar ist.

Und diese Skepsis gegenüber menschlichem Wissen ist gewiss angebracht in den Bereichen, wo ohnehin unterschiedliche und begründete Auffassungen bestehen. Doch wie steht es mit den Wissenschaften? Liefern sie nicht den Beweis, dass es gesicherte, wahre Erkenntnis doch gibt?

Wer sich in den Wissenschaften und in der Wissenschaftsgeschichte ein wenig auskennt, weiss, dass der Schein trügt. Natürlich gibt es Erkenntnisse, die kaum bezweifelt werden; natürlich hat die Wissenschaft, insbesondere die Naturwissenschaft, ihre «Wahrheit» dadurch bewiesen, dass sich ihre Entdeckungen praktisch nutzen liessen, und zwar in einem unglaublichen Ausmass. Und trotzdem empfiehlt sich auch der Wissenschaft gegenüber eine gute Portion Skepsis: Zu häufig haben sich Erkenntnisse als unzulänglich erwiesen, zu oft mussten felsenfeste Ansichten aufgegeben werden, zu viele Weltbilder wurden umgestürzt. Die Revolution des Kopernikus ist nur ein Beispiel. Andere wären die Evolutionstheorie Darwins, die Psychoanalyse Freuds oder die Relativitätstheorie Einsteins. Sie alle haben in Frage gestellt, was bislang als selbstverständlich galt. Und warum soll, was uns jetzt wahr scheint, sich nicht eines Tages als blosser Teilaspekt der Sache herausstellen?

Das bestätigt auch die moderne Wissenschaftstheorie. Sie hat die Illusion längst aufgegeben, dass wissenschaftliche Entwicklung ein fortlaufendes Aufbauen auf den Einsichten der Vorgänger bedeutet, so wie man Stein auf Stein legt, auf dass das Haus dereinst vollendet sei. Die Wissenschaftstheoretiker des 20. Jahrhunderts sehen selbst die naturwissenschaftlichen Theorien als vorläufig an, als die Erklärungsversuche, die bisher am ehesten zu überzeugen vermochten. Versuche bleiben sie trotzdem, und sie gelten nur, solange sie noch nicht widerlegt sind. Beim Bau des wissenschaftlichen Hauses ist also jederzeit damit zu rechnen, dass einzelne Steine oder gar ganze Stockwerke wieder abgerissen werden müssen.

Vor allem aber darf man nicht vergessen, dass es gerade da untrüglich wahres Wissen am wenigsten gibt, wo wir am direktesten betroffen sind. Auf die Frage nach der Herkunft des menschlichen Daseins, nach seinem Ziel und Sinn, nach einer gerechten sozialen Ordnung und dem Weg zu einem erfüllten Leben – auf die philosophischen Fragen also haben die Wissenschaften ohnehin keine verlässliche Antwort, jedenfalls keine, die man als zweifelsfrei wahr bezeichnen könnte.

Wie soll man mit der Begrenztheit der eigenen Erkenntnis umgehen?

Der Ausflug in die Erkenntnistheorie hat vor Augen geführt, wie brüchig menschliche Erkenntnis ist, in den Wissenschaften, in den alltäglich-durchschnittlichen Meinungen und in den wesentlichen Fragen der menschlichen Existenz. Doch nun zurück zur praktischen Philosophie. Welche Konsequenz hat dies alles für das Handeln?

Im Alltag muss der Mensch handeln. Er muss Entscheidungen treffen, und das kann er nur, wenn er sich auf Einsichten und Erkenntnisse abstützt. Sonst ist der nackten Willkür Tür und Tor geöffnet. Was nun, wenn alles fragwürdig ist, wenn es Wahrheit im strikten Sinn nicht oder nur in seltenen Fällen gibt?

Das Dilemma lässt sich nicht lösen. Aber man kann damit leben. Ums Handeln kommen wir nicht herum. Es fragt sich aber, mit welcher Einstellung wir das tun. Ich denke, dass die Konsequenz der erkenntnistheoretischen Einsichten in einer Haltung liegt, einer Haltung der Bescheidenheit und der Vorsicht, die durchaus praktische Auswirkungen haben kann:

- Zunächst empfiehlt es sich, mein Bewusstsein wachzuhalten dafür, dass ich irren und mich täuschen kann, dass mein Wissen begrenzt und vorläufig ist. Bin ich mir dessen bewusst, werde ich *vorsichtiger und besonnener* handeln, als wenn ich von der Wahrheit meiner Überzeugungen durchdrungen bin.

- Damit verbunden wäre eine *Bereitwilligkeit zu lernen;* die Fähigkeit, von Meinungen abzurücken, die mich bisher bestimmt haben; die Bereitschaft, mich vom besseren Argument überzeugen zu lassen.

- Und schliesslich folgt daraus auch eine *Offenheit und eine Toleranz* anderen Überzeugungen gegenüber. Das heisst nicht einfach, hinzunehmen, was der andere sagt oder meint, sondern seine Einsicht zu prüfen, sie an meiner zu messen, mich mit ihm ernsthaft auseinanderzusetzen.

- Das alles bedeutet nichts anderes als *Diskursfähigkeit und Diskursbereitschaft.* Es ist die Voraussetzung dafür, mit Gesprächspartnern in ein Gespräch einzutreten, wie es im ersten Kapitel als Diskurs beschrieben wurde.

Die Einsicht in die Begrenztheit des menschlichen Wissens ist denn auch ein Merkmal der philosophischen Haltung. Manche Denker waren dabei eher bescheiden, wie etwa Immanuel Kant, dessen Haltung im berühmten Satz zum Ausdruck kommt: «Ich musste das Wissen aufheben, um zum Glauben Platz zu bekommen.» Andere Philosophen betonten eher das skeptische Element dieser Einsicht, etwa Sokrates. Sein Satz «Ich weiss, dass ich nichts weiss» ist dabei nicht wörtlich zu verstehen, sonst würde er ja sich selbst widersprechen. Vielmehr bezeichnet er damit die philosophische Einsicht in die engen Grenzen dessen, was er als Mensch wirklich mit Sicherheit wissen kann.

Diese Haltung bedeutet also nicht Resignation: Ich weiss, dass ich wenig wissen kann, darum gebe ich es auf, mehr zu erfahren. Sondern sie bedeutet Offenheit: Ich weiss, dass ich wenig wissen kann, aber dieses Wenige will ich erfahren. Sie bedeutet: mit dem Vorläufigen leben.

> Mit dem Vorläufigen leben heisst handeln, aber gleichzeitig:
> • sich der eigenen Fehlbarkeit bewusst sein
> • zum Umlernen bereit sein
> • sich mit andern Ansichten auseinandersetzen
> • diskursbereit sein.

Denk Pause

1. Ihre Überzeugungen im Wandel: Versuchen Sie sich zu erinnern:
   • Wann in Ihrem Leben haben Sie bisher feste Überzeugungen über Bord werfen müssen?
   • Was hat Sie dazu veranlasst?
   • Wie sicher sind Sie, dass ihre jetzigen Überzeugungen wahr sind?
2. Ihr Meinungprofil: Versuchen Sie, Ihre heute gültigen Grundsätze zu folgenden Fragen zu formulieren, im Geiste, oder noch besser schriftlich, und zwar möglichst in einem Satz:
   • Welches Menschenbild haben Sie?
   • Welcher Grundsatz ist nach Ihrer Meinung für das menschliche Zusammenleben am wichtigsten?

- Welche Rolle spielen Sie in der Gesellschaft?
- Welche Unterschiede zwischen den Geschlechtern sind Ihrer Ansicht nach naturgegeben?
- Nach welchem Grundsatz führen Sie Ihr Unternehmen, Ihre Abteilung?
- Nach welchen die Menschen Ihres Unternehmens, Ihrer Abteilung?
- Welcher Grundsatz ist für Sie im Umgang mit andern Menschen am wichtigsten?
3. Überprüfung Ihres Meinungsprofils:
    - Welche dieser Grundsätze meinen Sie beweisen zu können?
    - Welche Beweise finden Sie selbst überzeugend, welche nicht?
    - Kennen Sie intelligente Menschen, die einzelnen dieser Beweise wohl nicht zustimmen würden?
    - Wie erklären Sie sich das?

9. Weisheit – Gelassen sein

Weisheit: das Ergebnis eines vollen, reichen, bewussten Lebens. Weisheit: das Ziel des Philosophen; Philosophie heisst ja «Liebe zur Weisheit». Weisheit: vielleicht auch Ihr Ziel?

Doch was bedeutet sie eigentlich? Wenn wir einem weisen Menschen gegenüberstehen, spüren wir dies sofort und sind doch kaum imstande zu sagen, worin denn Weisheit bestehe. In diesem Kapitel lasse ich zuerst die Weisen selber zu Wort kommen. Sie werden doch wohl wissen, wovon sie reden.

Die Zitate stammen zum Teil aus längst vergangenen Epochen und aus fremden Kulturkreisen, sind darum nicht alle einfach verständlich. Daher kommentiere ich sie jeweils kurz. Und noch etwas ist in diesem Kapitel anders: Zuerst sind Sie gefragt, die «Denkpause» steht am Anfang.

1. Bitte überlegen Sie sich: Kennen Sie Menschen, die Sie als weise bezeichnen würden? Woran machen Sie das fest? Können Sie Merkmale der Weisheit formulieren?
2. Lesen Sie anschliessend die folgenden «Definitionen». Gibt es Momente, die in allen oder doch in mehreren Texten auftauchen? Leiten Sie daraus ein «Weisheitsprofil» ab, und vergleichen Sie es mit Ihrer Weisheitsvorstellung.

Heraklit (um 550–480 v. Chr.):
Eines nur ist das Weise, sich auf den Gedanken zu verstehen, welcher
alles auf alle Weise zu steuern weiss.

Der Grieche Heraklit, einer der ersten Philosophen überhaupt,
meint mit diesem «Gedanken», das Prinzip, das verborgene
Gesetz, nach dem alles in der Welt abläuft. Weisheit heisst dieses
Weltgesetz kennen, heisst erkennen, «was die Welt im Innersten
zusammenhält» (Goethe).

Platon (427–347 v. Chr.):
Sokrates: Jemand einen Weisen zu nennen, Phaidros, scheint mir
etwas Grosses zu sein und einem Gott allein zu gebühren. Ihn aber ei-
nen Philosophen oder einen Freund der Weisheit zu nennen, das möch-
te wohl ihm selbst besser passen und würde schicklicher sein.
Phaidros: Auch würde es dem Brauch nicht widersprechen.

Sokrates, der Lehrer Platons, tritt in allen Werken seines Schülers als Figur, gleichsam als Repräsentant der Philosophie auf.
Hier lehnt er es ab, als Weiser bezeichnet zu werden, aus Bescheidenheit und weil Weisheit als Ideal ohnehin unerreichbar
ist.

Aristoteles (384–322 v. Chr.):
Der Weise weiss nicht nur das, was aus den obersten Ausgangssätzen
abgeleitet wird; er hat auch von diesen obersten Sätzen ein sicheres
Wissen. So dürfen wir denn in der philosophischen Weisheit eine Ver-
bindung von intuitivem Verstand und diskursiver Erkenntnis er-
blicken. Sie ist die Wissenschaft von den erhabensten Seinsformen. Sie
ist Wissenschaft sozusagen «in Vollendung».

Platons Schüler Aristoteles sieht im vollkommenen Wissen die Weisheit. «Vollkommen» aus zwei Gründen: erstens weil ein solcher Mensch die Grundsätze versteht, aber auch ihre Folgen kennt, zweitens weil er diese Grundsätze unmittelbar einsieht, sie aber auch Schritt für Schritt erläutern kann.

Immanuel Kant (1724–1804):

a. *Man könnte Weltwissenschaft und Weltweisheit unterscheiden; die erste ist Gelehrsamkeit, die zweite Kenntnis von der Bestimmung des Menschen.*

b. *Philosophie ist für den Menschen Bestrebung zur Weisheit, die jederzeit unvollendet ist.*

c. *Nach Weisheit fragt niemand, weil sie die Wissenschaft, die ein Werkzeug der Eitelkeit ist, sehr ins Enge bringt.*

Nicht das trockene akademische Wissen ist für den Philosophen der Aufklärungszeit erstrebenswert, sondern «Weltweisheit», also ein fortgesetztes Streben nach einem Wissen, das den Bezug zum menschlichen Dasein wahrt.

Oswald Spengler (1880–1936):

«Philosophie», die Liebe zur Weisheit, ist im tiefsten Grunde die Abwehr des Unbegreiflichen.

Oder umgekehrt: Philosophie ist der Versuch umfassenden Verstehens.

Bhagavadgita (um 300 v. Chr.):

Der Priester, den das Wissen ziert,
Der Elefant, das heil'ge Rind,
Ein Hund und selbst ein Auswürfling,
Dem Weisen sie das Gleiche sind.

Die Bhagavadgita ist eines der heiligen Bücher der Inder. Sie trägt die Grundsätze des Hinduismus vor, in Gedichtform und eingebettet in ein grosses Epos. Der Weise behandelt alle Kreaturen als gleichwertig, weil er um ihre Verbindung im Kosmos weiss.

Konfuzius (551–479 v. Chr.):

a. *Der Meister sprach: Wie dürfte ich je wagen, mich zu den Weisen oder wahrhaft Gütigen zu zählen! Nur das könnte man von mir sagen, das und sonst nichts: er müht sich unablässig, ihnen nachzustreben, und er lehrt andere unermüdlich in ihrem Sinne. Gunghsi sagte: Eben das ist es, was wir Schüler nicht erlernen können.*

b. *Der Meister sprach: Wenn man einen Menschen trifft, mit dem zu reden sich lohnt, und man nicht mit ihm redet, hat man den Menschen verloren. Wenn man aber einen Menschen findet, mit dem zu reden sich nicht lohnt, und man redet doch mit ihm, hat man seine Worte verloren. Ein Weiser verliert weder einen Menschen noch seine Worte.*

Konfuzius ist *der* Philosoph Chinas. Auf seine Gedanken gehen noch heute viele Gepflogenheiten im chinesischen Kulturkreis zurück. Auch Konfuzius sieht in der Weisheit ein Ideal, das man nicht erreichen, sondern nur erstreben kann. Sie würde darin bestehen, dass man intuitiv weiss, was wesentlich und was nebensächlich ist.

Laotse (4. od. 3. Jh. v. Chr.):

a. *Darum schaut der Weise zu Gott auf, bietet ihm aber seine Hilfe nicht an. […] Er erfüllt seine Pflichten gegen seine Mitmenschen, schöpft aber daraus keinen Anspruch. […] Die Dinge sind es zwar nicht wert, dass man sich mit ihnen abgibt, dennoch muss man sich mit ihnen abgeben. […] Sich wie beiläufig den Ereignissen und der Umwelt anpassen – das ist der Weg des Tao.*

b. *Der Weise lebt in der Einfalt und ist ein Beispiel für viele. Er will nicht selber scheinen, darum wird er erleuchtet.*

Für den Begründer des Taoismus, der zweiten wichtigen philosophisch-religiösen Strömung Chinas, weiss der Weise um die Bedeutungslosigkeit äusserer Umstände. Dennoch tut er seine Pflicht, dient den Mitmenschen, allerdings ohne Anspruch auf Belohnung oder Vergeltung, auch ohne Anspruch auf den Beifall der andern.

Aus dem Zen-Buddhismus

Als in kriegerischen Zeiten im alten Japan ein General mit seinem Heer ganze Landstriche aufs schändlichste verwüstete, brandschatzte und plünderte, so dass alles, was Leben und Beine hatte, vor der Mörderbande floh, kam die Kriegerhorde eines Tages in eine Gegend, wo als einzige nur noch Mönche mit ihrem Meister im Zen-Kloster zurückgeblieben waren. Doch als die Mönche die Soldaten herannahen hörten, sprangen sie von ihren Sitzen auf und suchten voll Entsetzen das Weite. Nur ihr Meister blieb regungslos sitzen. Dies meldeten die verwirrten Soldaten ihrem blutrünstigen General. Der kam wutentbrannt mit gezücktem Schwert in der Hand in die Meditationshalle und brüllte den Meister an: «Warum bist du nicht geflohen? Weisst du nicht, dass ich dich mit meinem Schwert durchbohren kann, ohne mit der Wimper zu zucken?» Der Zen-Meister antwortete ruhig: «Und ich kann mich von deinem Schwert durchbohren lassen, ohne mit der Wimper zu zucken.» Der General stutzte, verneigte sich tief und ging.

Die geradezu atemberaubende Ausstrahlung des Zen-Meisters beruht auf seiner absoluten Gleichgültigkeit gegenüber dem Tod. Vielleicht ist er vom Vorläufigkeitsstatus des eigenen Lebens vollkommen überzeugt, vielleicht ist er mit sich selber so gänzlich im reinen, dass er jederzeit abschliessen kann.

Woran ist Weisheit zu erkennen?

Die Texte aus dem westlichen und östlichen Denken drücken unterschiedliche Vorstellungen aus, die man mit der Weisheit verbindet.

Weisheit ist ein schillernder Begriff. Er weckt verschiedenartige Bilder, je nachdem, welche Erfahrungen und Werte ein Mensch hat. Und dennoch lassen sich ein paar Merkmale angeben, die wohl die meisten Menschen einem Weisen zusprechen würden. Sie kommen auch in den Zitaten zum Ausdruck, und zwar in den europäischen wie den asiatischen:

- Weisheit beruht auf einem *tieferen Wissen*, auf einem Verstehen des Wesentlichen: Was ist der Grund der Welt? Was ist der Mensch? Worauf kommt es im Leben an? Und weise kann nur einer sein, der dies nicht bloss aus Büchern weiss, sondern der es erfahren hat.

- Weisheit beschränkt sich aber nicht aufs Wissen. Es muss sich auswirken in der Praxis. Ein Weiser versteht nicht nur das Wesentliche, er *lebt es auch*, er handelt dementsprechend.

- Weisheit ist ein Ideal. Sie ist nicht etwas, das man so leicht erreicht. Und schon gar nicht hat sie einer, der das von sich behauptet. Vielmehr kann man nach Weisheit *streben*, sie suchen – und ihr vielleicht in reiferem Alter nahekommen.

- Weisheit *strahlt aus*. Einem Menschen, der dieses Wissen hat und ihm gemäss handelt, sieht man dies an. Wer in seinen Kreis tritt, spürt seine Überlegenheit, zollt ihm Respekt. In der Ausstrahlung des Weisen wird seine Gelassenheit wahrnehmbar.

Das westliche Denken hat den dritten Punkt mehr betont, das östliche besonders den letzten. Insgesamt aber unterscheiden sich die Weisheitsvorstellungen nicht wesentlich.

Weise erscheint uns, wer
- um das Wesentliche im Leben weiss
- dieses Wissen auch lebt
- nach Vervollkommnung strebt
- und dies alles auch ausstrahlt.

115

Die Stoa

Besonders intensiv hat sich die antike Philosophenschule Stoa mit dem Thema befasst. Ihre Grundgedanken sollen zum Abschluss ganz kurz vorgestellt werden.

Die Stoiker waren bestrebt, mit der Welt und mit sich selbst in *Übereinstimmung* zu leben. Die Welt bietet dem Menschen Widerstände. Er will sie verändern, seine Bedürfnisse befriedigen, seine Wünsche erfüllen, seine Triebe ausleben. Daher ist er dauernd umgetrieben, dauernd kämpfend, dauernd frustriert.

Ruhe kann er nur finden, wenn er lernt, sich selber zu *beherrschen*. Das ist der Weg: Annehmen, was unumgänglich ist; akzeptieren, was man nicht ändern kann. Die äusseren Gegebenheiten mögen unumstösslich sein – meine eigenen Antriebe und Wünsche sind es nicht. Ich kann sie beherrschen, kann verzichten lernen, kann mich selber weiterentwickeln.

Was im besten Fall dabei erreicht werden kann, ist eine heitere *Gelassenheit,* die Harmonie mit sich und der Welt – und ein Zustand, den man als Weisheit bezeichnen kann. So verstanden, ist Weisheit das, was der Philosophierende (der «die Weisheit liebt») anstrebt, aber auch die Summe und Zusammenfassung aller Regeln der Lebenskunst. Zugleich ist sie eine Idealvorstellung, der das westliche und das östliche Denken gleichermassen nachstreben. Vielleicht geht der Osten hier sogar noch weiter, wenn er das weitgehende Sicheinfügen ins Ganze fordert (Konfuzianismus) oder das Nichthandeln (Taoismus) oder die Befreiung von der Ich-Sucht (Buddhismus).

Der römische Stoiker Seneca (4 v. Chr.–65 n. Chr.) hat für das alles eine knappe und sehr schöne Formulierung gefunden:

Ich wünsche mir die Kraft, die Dinge zu verändern, die ich
ändern kann – und die Gelassenheit, die Dinge zu ertragen,
die ich nicht ändern kann – und die Weisheit, das eine vom
andern zu unterscheiden.

a. Erstellen Sie eine Liste der Dinge in Ihrem
   Leben, die zu ertragen Ihnen Mühe macht.
   Überlegen Sie sich dann: Welche können Sie
   ändern?

b. Für das Veränderbare: Wie können Sie es ändern? – Tun Sie's! Erstellen Sie einen Plan mit
   Daten und Massnahmen. Heute noch.

c. Für das Unabänderliche: Überlegen Sie sich
   seine positiven Seiten. Gehen Sie ab morgen
   mit dieser Haltung an die Tatsachen heran:
   «Die Sache ist, wie sie ist. – Ich stelle mich ge-
   lassen über sie!»

10. Führung – Menschen zu Bestleistungen gewinnen

In den vorangegangenen Kapiteln ist es fast ausschliesslich um Fragen Ihres persönlichen Lebens gegangen, im Beruf und im Privaten. Sie bekleiden aber zugleich eine Kaderposition und haben es also auch mit andern Menschen zu tun. Sie führen Mitmenschen, die denselben Anspruch auf Lebensgestaltung, Sinn und Freiheit geltend machen wie Sie. Wie soll man unter dieser Voraussetzung Mitarbeiterinnen und Mitarbeiter führen? Zwar ist der Führungsbegriff kein traditionell philosophischer wie die Leitbegriffe der letzten Kapitel. Dennoch lässt sich philosophisch darüber nachdenken und reden.

Als Einstieg wähle ich einen Text von Niccolò Machiavelli (1469–1527). Er stammt aus dem Buch «Der Fürst», das man als eine politische Machttheorie bezeichnen könnte. Obwohl der Autor seine Überlegungen auf einen Renaissance-Fürsten bezieht, kann man das Führungsprinzip, das dahintersteht, leicht auf Kaderleute in unserer Zeit übertragen.

Daran knüpft sich eine Streitfrage: ob es besser sei, geliebt zu werden als gefürchtet, oder umgekehrt. Die Antwort lautet, dass es am besten wäre, geliebt und gefürchtet zu sein, da es aber schwer ist, beides zu vereinigen, ist es weit sicherer, gefürchtet zu sein als geliebt, wenn man schon auf eins verzichten muss. Denn von den Menschen lässt sich im allgemeinen so viel sagen, dass sie undankbar, wankelmütig und heuchlerisch sind, voll Angst vor Gefahr, voll Gier nach Gewinn. Solange sie von dir Vorteil ziehen, sind sie dein mit Leib und Seele: sie sind bereit, dir ihr Blut, ihre Habe, ihr Leben, ihre Kinder zu opfern, solange die Not fern ist. Kommt sie aber heran, so empören sie sich. Ein Fürst, der sich ganz auf ihre Versprechungen verlassen und keinerlei anderweitige Vorkehrungen getroffen hat, ist verloren. Denn wer Freunde durch Geld und nicht durch grossherzige Gesinnung gewinnt, erwirbt sie, ohne sie zu besitzen, und kann in der Zeit der Not nicht auf sie zählen. Auch scheuen die Menschen sich weniger, einen Fürsten zu verletzen, der beliebt, als einen, der gefürchtet ist. Denn das Band der Liebe ist die Dankbarkeit, und da die Menschen schlecht sind, zerreissen sie es bei jeder Gelegenheit um ihres eignen Vorteils willen; das Band der Furcht aber ist die Angst vor Strafe, die den Menschen nie verlässt. Doch muss ein Fürst, der sich gefürchtet machen will, darauf achten, dass er, wenn schon nicht Liebe, so doch keinen Hass erwirbt. Denn man kann sehr wohl gefürchtet sein, ohne gehasst zu werden. Das wird ihm stets gelingen, wenn er das Eigentum und die Frauen seiner Bürger und Untertanen nicht anrührt. Und wenn er auch genötigt wäre, das Blut eines Untertanen zu vergiessen, mag er es ruhig tun, wenn er eine ausreichende Rechtfertigung und offenbaren Grund dazu hat – nur an seinen Besitz darf er nicht rühren. Denn die Menschen vergessen schneller den Tod ihres Vaters als den Verlust des väterlichen Erbes. [...]

Wie rühmlich es für einen Fürsten ist, die Treue zu halten und redlich, ohne Falsch, zu leben, sieht jeder ein. Nichtsdestoweniger lehrt die Erfahrung, dass gerade in unsern Tagen die Fürsten Grosses ausgerichtet haben, die es mit der Treue nicht genau nahmen und es verstanden, durch List die Menschen zu umgarnen; und schliesslich haben sie die Oberhand gewonnen über die, welche es mit der Rechtlichkeit hiel-

ten. Man muss nämlich wissen, dass es zweierlei Waffen gibt: die des Rechtes und die der Gewalt. Jene sind dem Menschen eigentümlich, diese den Tieren. Aber da die ersten oft nicht ausreichen, muss man gelegentlich zu den andern greifen. […]

Ein kluger Fürst kann und darf demnach sein Wort nicht halten, wenn er dadurch sich selbst schaden würde oder wenn die Gründe weggefallen sind, die ihn bestimmten, es zu geben. Wenn alle Menschen gut wären, wäre diese Vorschrift nicht gut; da sie aber schlecht sind und dir die Treue nicht halten würden, brauchst du sie ihnen auch nicht zu halten. Auch hat es einem Fürsten noch nie an rechtmässigen Gründen gefehlt, um seinen Wortbruch zu beschönigen. Man könnte hierzu unzählige Beispiele aus neuerer Zeit anführen und zeigen, wieviel Friedensverträge und Versprechungen eitel und nichtig geworden sind durch die Treulosigkeit der Fürsten; und wer am besten verstanden hat, den Fuchs zu spielen, ist am besten weggekommen. Man muss nur verstehen, der Fuchsnatur ein gutes Ansehen zu geben, und ein Meister sein in Heuchelei und Verstellung: denn die Menschen sind so einfältig und gehorchen so leicht dem Zwang des Augenblicks, dass ein Betrüger stets einen finden wird, der sich betrügen lässt. […]

Es ist also nicht nötig, dass ein Fürst alle aufgezählten Tugenden besitzt, wohl aber, dass er sie zu besitzen scheint. Ja, ich wage zu behaupten, dass sie schädlich sind, wenn man sie besitzt und stets ausübt, und nützlich, wenn man sie zur Schau trägt. So muss der Fürst Milde, Treue, Menschlichkeit, Redlichkeit und Frömmigkeit zur Schau tragen und besitzen, aber wenn es nötig ist, imstande sein, sie in ihr Gegenteil zu verkehren. Es ist wohl zu beachten, dass ein Fürst, zumal ein neuer, nicht alle Tugenden befolgen kann, die den guten Ruf der Menschen begründen, da er oft genötigt ist, um seine Herrschaft zu behaupten, gegen Treue, Barmherzigkeit, Menschlichkeit und Religion zu verstos-

sen. Deshalb muss er verstehen, sich zu drehen und zu wenden nach dem Winde und den Wechselfällen des Glückes, und am Guten festhalten, soweit es möglich ist, aber im Notfall vor dem Schlechten nicht zurückschrecken.

Aus Niccolò Machiavelli: Der Fürst, deutsch: von Ernst Merian-Genast, © by Philip Reclam jun. GmbH & Co., Stuttgart 1961

1. Wie stellen Sie sich persönlich zu einem solchen Führungsprinzip?
2. Wenn Sie es befürworten: Warum scheint es Ihnen erfolgversprechend für Ihre Führungsaufgaben?
3. Wenn Sie sich davon distanzieren: Was fehlt Ihnen daran?
4. Wie würden Sie Machiavellis Führungsprinzip formulieren – in einem Satz, mit einem Schlagwort?
5. Was für ein Menschenbild steckt hinter dem Prinzip?

Macht ohne Moral

Machiavelli schreibt sein Buch 1513, und zwar für die Fürsten der italienischen Renaissance-Staaten. Ihnen will er eine Theorie des Führens verschaffen oder vielmehr eine Theorie der Macht. Die Erfahrungen, die er darin niederlegt, sollen den politischen Herrschern aufzeigen, wie sie ihre Macht aufbauen, sichern und erweitern können.

Dies steht im Zentrum, alle andern Überlegungen sind

zweitrangig. Vor allem *löst* Machiavelli *die politische Macht konsequent von aller Ethik* und Moral. In der Antike und im Mittelalter ist Politik stets auch als sittliche Aufgabe verstanden worden: Politik und Moral gehören zusammen, der mächtige Herrscher soll immer auch der gute Herrscher sein. Mit dieser Tradition bricht Machiavelli radikal.

Seine Theorie der Macht, die auf Ethik keine Rücksicht nimmt, stellt das Interesse des Herrschers klar über das der Beherrschten. Der Fürst ist der Zweck, die Untertanen sind dazu stets *Mittel*. Die Menschen des Fürstentums sind nicht Subjekte, sondern *Objekte*.

Dahinter steht ein *Menschenbild*, das Machiavelli nicht verschweigt, sondern im Gegenteil immer wieder durchscheinen lässt, um seine Machtpolitik zu begründen: Die Menschen sind selbstsüchtig, wankelmütig, gleichgültig und selbst ohne Moral. Das Zitat zeigt dies deutlich.

Das Gegenmodell

Natürlich kann Machiavellis Theorie heute niemandem mehr als Führungsprinzip vorschweben. Weil sie aber so einseitig, so krass daherkommt, lässt sie sich gebrauchen: Sie verdeutlicht, worauf eine gute Führung achten muss; auf dem negativen Zerrbild lässt sich kontrastierend das positive Idealbild entwerfen. Ein besseres Führungsmodell würde also:

- die *Ethik/Moral* nicht ausschliessen, sondern einbeziehen

- die Mitarbeiter nicht als Mittel, sondern als *Zwecke* betrachten

- auf einem Bild des Menschen aufbauen, das dessen *positive Seiten* ins Zentrum stellt.

Mit einem Wort, gutes Führen heisst: die Mitarbeiterin, den Mitarbeiter als menschlich gleichberechtigt zu behandeln. Gutes Führen bedeutet, ihnen all die Möglichkeiten und Rechte zuzugestehen, die wir selber auch beanspruchen: das Recht auf Sicherheit, auf ein sinnvolles, gestaltetes Leben, auf Freiheit, auf Selbstentfaltung …

Der Philosoph Immanuel Kant (1724–1804) hat eine klassische Formulierung gefunden für das Grundprinzip aller Moral, den Kategorischen Imperativ. Ein Imperativ ist ein Aufforderungssatz, ein moralisches Gebot; kategorisch heisst: unbedingt, in jeder Lage geltend. Der Kategorische Imperativ ist also das ethische Grundprinzip, das allen Handlungen zugrunde liegen muss. Es lautet:

> Handle so, dass du zugleich wollen kannst, dass deine Handlungsregel zum allgemeingültigen Gesetz wird!

Kant hat dafür auch noch eine andere Formulierung vorgeschlagen, die aber inhaltlich auf dasselbe hinausläuft. Sie geht davon aus, dass alles, was ein Mensch tut, einem Zweck dient. Dieser kann selber wiederum Mittel werden zu einem andern, höheren Zweck, und so weiter. Aber irgendwo hört es auf, irgendwo erreicht der Mensch einen Zweck, der nicht mehr Mittel sein kann, der Selbstzweck ist. Das ist natürlich das Leben dieses Menschen selbst; er selbst ist der Zweck. Wäre sein ganzes Leben bloss Mittel für irgend etwas anderes oder für irgend jemand anderen, würden seine ganze Würde und seine Grundrechte mit

Füssen getreten. Darum lautet die zweite Form des Kategorischen Imperativs:

> Behandle einen anderen Menschen immer als Zweck, nie als blosses Mittel!

Der Kategorische Imperativ ist abstrakt. Inhaltlich sagt er wenig aus. Er bildet gewissermassen nur ein formales Kriterium, das in der konkreten Situation zuerst mit Inhalt gefüllt werden muss. Daher ein Beispiel: Ich verfahre nach dem Grundsatz, vertragliche Regelungen seien nur einzuhalten, wenn der Partner dies auch nachprüfen kann. Andernfalls betrachte ich sie nicht als verbindlich. Kann ich wollen, dass dieses Prinzip von allen angewandt wird? Nein! Denn wenn andere es ebenso halten, kann ich mich selber auf keinen Partner mehr verlassen. Den umgekehrten Grundsatz hingegen, dass nämlich Verträge immer eingehalten werden sollen, kann ich als allgemeines Prinzip sehr wohl wünschen. Sie sehen, alle Handlungsmaximen, welche die Fairness verletzen, widersprechen dem Kategorischen Imperativ: Wie könnte ich wünschen, selber unfair behandelt zu werden?

Bezieht man Kants Prinzip auf das Führen, dann lautet es – und dies ist die Grundregel des Führens, unser Gegenmodell:

> Führen Sie Ihre Mitarbeiter so, wie Sie selber geführt werden möchten!

Oder in der zweiten Formulierung:

> Behandeln Sie Ihre Mitarbeiter immer als Zwecke, nie als blosse Mittel!

Fürst oder Bergführer?

Auch für das zweite Modell des Führens gibt es ein Bild: der Bergführer. Sein Ziel ist es, seinen Gästen zu *Bestleistungen* zu verhelfen. Das kann er nicht, indem er sie den Berg hinaufzerrt. Damit würde er sie genauso überfordern wie sich selbst. Vielmehr unterstützt er sie in ihren Fähigkeiten, gibt ihnen Ratschläge, hilft ihnen über Schwierigkeiten hinweg, motiviert sie. Bei alledem aber lässt er sie *frei*. Schliesslich haben sie ihn engagiert, weil sie selber diesen Berg besteigen wollen. Sie sind also selbst motiviert, und auf dieser Motivation baut der Führer seine Arbeit auf.

Er selber aber führt die Gäste nicht aus Selbstlosigkeit auf die Gipfel. Sondern *sein Erfolg* beruht auf ihrem Erfolg, besteht darin, dass sie eine aussergewöhnliche Leistung erbringen. Ganz zu schweigen davon, dass er ja auch von ihrer Bezahlung lebt und dass er Werbung in eigener Sache betreibt, wann immer er ihnen Erfolg und positive Bergerlebnisse vermittelt.

Bergführer und Gast bilden ein Team; sie sind aufeinander angewiesen; sie sind *am selben Seil*. In der Regel geht der Führer voran und sichert den Gast. Es kann aber durchaus vorkommen, dass der Gast den Führer sichern muss, wenn dieser eine schwierige Passage vorausklettert.

Führen kann einer nur, wenn er erfahren ist; der Bergführer ist erfahren im Bergsteigen; das bedeutet aber noch nicht, dass er in allen Belangen überlegen ist; vielleicht verstaucht er sich den Fuss oder bekommt Halsweh, und dann ist er auf die Hilfe des Gastes angewiesen, der vielleicht sogar Arzt ist. Des Führers Überlegenheit beschränkt sich also auf die Welt des Bergsteigens. Menschlich sind Führer und Gast gleichwertig.

Die zwei Führungsmodelle im Vergleich:

Machiavellis Fürst	Der Bergführer
• führt so, wie er selbst nicht geführt werden möchte	• führt so, wie er selber auch geführt werden möchte
• behandelt den Untertan als Mittel	• behandelt den Mitarbeiter als Zweck
• betrachtet den Untertan als Objekt	• betrachtet den Mitarbeiter als Subjekt
• begründet Anordnungen nicht	• begründet Anordnungen
• zwingt	• motiviert
• spricht dem Untertan eigene Rechte ab	• gesteht dem Mitarbeiter dieselben menschlichen Rechte zu wie sich selber
• will vom Untertan Gehorsam	• will vom Mitarbeiter eine Bestleistung

1. Führungsstil-Analyse:
- Bitte analysieren Sie Ihren eigenen Führungsstil anhand der nachfolgenden Tabelle (nach Adrian Menz: Erfolgsfaktor Mensch).
- Überlegen Sie sich – wieder mit Hilfe der Tabelle –, wie Sie selber gerne von Ihren Vorgesetzten geführt werden möchten.
- Vergleichen Sie die beiden Ergebnisse: Bestehen Differenzen zwischen Ihrem eigenen Führungsverhalten und Ihren eigenen Wünschen, geführt zu werden?

2. Tugenden:
   - Welche Tugenden erwarten Sie von einem Mitarbeiter? Erstellen Sie eine Liste.
   - Welche Tugenden erwarten Sie von einem Vorgesetzen? Erstellen Sie eine Liste.
   - Vergleichen Sie die beiden Listen. Wenn es Unterschiede gibt: Begründen Sie diese.
3. Heikle Führungssituationen: Erinnern Sie sich an Situationen, in denen Ihre Führungsaufgabe heikel ist. Wie handeln Sie in der Regel? – Prüfen Sie, ob Ihre Vorgehensweise dem Kategorischen Imperativ entspricht.

	nie	sporadisch	regelmässig
Sicherheit			
Führe ich meine Mitarbeiterinnen/Mitarbeiter (MA) sorgfältig in neue Aufgaben ein?			
Informiere ich meine MA über bevorstehende Veränderungen klar und frühzeitig?			
Beziehe ich meine MA bei Veränderungen und Entscheidungsprozessen mit ein?			
Sind die Arbeitsabläufe in meinem Führungsbereich klar geregelt, und kennen meine MA diese Arbeitsabläufe?			
Gebe ich meinen MA klare und durchdachte Anweisungen?			
Wenn meine MA unsicher sind, stehe ich für Rückfragen zur Verfügung?			
Können meine MA sich auf mich verlassen?			

Haben meine MA das Gefühl, dass ihr Arbeitsplatz gesichert ist?			

Soziale Bedürfnisse

Unterstützte ich Wünsche meiner MA nach Zusammenarbeit im Team?			
Berücksichtige ich bei der Aufgabenteilung die persönlichen Zusammenarbeitswünsche meiner MA?			
Führe ich einen neuen MA sorgfältig in ein bestehendes Team ein?			
Unterhalte ich mich mit meinen MA von Zeit zu Zeit auch über Themen, die ausserhalb des Arbeitsbereiches liegen?			
Gibt es für meine MA die Möglichkeit, ausserhalb der Arbeitszeit von der Firma organisierte Anlässe zu besuchen?			
Können meine MA während der Arbeitspausen ungezwungen in einer			

ansprechenden Umgebung zusammensitzen?			
Pflegen meine MA persönliche Kontakte untereinander			
Wenn ein MA nach längerer Abwesenheit in die Firma zurückkehrt, interessiere ich mich für seine Erlebnisse?			
Erkenne ich Konflikte in meinem Verantwortungs- bereich frühzeitig?			
Ergreife ich die not- wendigen Massnahmen zur Konfliktaustragung?			
Bedürfnis nach Achtung und Wertschätzung			
Wissen meine MA, was für Leistungserwartungen ich an sie habe?			
Unterstütze ich schwache MA bei der Lösung ihrer Aufgaben?			
Habe ich für ab und zu auf- tretende Fehler Verständnis, und wissen das meine MA?			
Spreche ich aufrichtig Lob aus?			

Wenn ich Kritik ausüben muss, setze ich mich mit den Argumenten meiner MA echt und offen auseinander?		
Kennen meine MA die grossen Zusammenhänge in ihrer Arbeit?		
Wissen meine MA, wie wichtig ihre Arbeit für das Unternehmen als Ganzes ist?		
Führe ich mit meinen MA regelmässig Standort- und Zielvereinbarungsgespräche durch?		
Fördere und fordere ich meine MA ihrem Können und ihren Leistungen entsprechend?		
Führe ich mit meinen MA auch Gespräche über ihre Zukunftsperspektiven im Unternehmen?		
Werden meine MA auch über unternehmerische Zusammenhänge und		

Vorgänge informiert, die nicht unbedingt ihre Arbeit betreffen?			
Bedürfnis nach Selbstverwirklichung			
Unterstütze ich meine MA in ihrem Wunsch nach Weiterbildung?			
Können MA, die sich weiterbilden, ihr neu erworbenes Wissen am Arbeitsplatz einbringen?			
Lasse ich mich von meinen MA bei der Lösung spezieller Probleme beraten?			
Habe ich ein offenes Ohr für Vorschläge meiner MA?			
Fördere und fordere ich meine MA, indem ich auch schwierige und komplexe Aufgaben delegiere und entsprechend Kompetenzen erteile?			
Tragen meine MA auch die Verantwortung für die Lösung ihrer Aufgaben?			

Fordere und fördere ich unterforderte MA, indem ich ihre Aufgabenstellungen erweitere?			

Aus Hans Manz: Menschen führen Menschen, © by Gabler Verlag, Wiesbaden 1993

11. Philosophie im Betrieb – Für eine neue Unternehmenskultur

In den vorangegangenen Kapiteln haben Sie sich mit philosophischen Gedanken auseinandergesetzt, die Ihre persönliche Lebensgestaltung und Ihre berufliche Tätigkeit als Führungskraft betreffen. Wenn der Diskurs zwischen Ihnen als Leser, mir als Autor und den Denkern der philosophischen Tradition gelungen ist, dann haben Sie neue Einsichten gewonnen, sind Sie weitergekommen, hat sich Ihr Bewusstsein verändert. Trotzdem blieb der Diskurs in doppelter Hinsicht beschränkt:

1. Es ging – abgesehen vom Führungs-Kapitel – lediglich um Ihr persönliches Leben, kaum um das Ihrer Nächsten, Ihrer Bekannten oder Ihrer Mitarbeiter.

2. Der Diskurs fand bloss im Dreieck Leser-Autor-philosophische Denker statt. Dabei kommunizieren Sie doch in Ihrem Alltag dauernd, meistens wahrscheinlich, ohne dabei an so etwas wie Diskursregeln zu denken.

Lässt sich dieser Kreis erweitern? Können Sie das Philosophieren und philosophische Gedanken hinaustragen in Ihre Umgebung? Kann Philosophie umgesetzt werden in Ihrem Betrieb? – Viele Leser, vielleicht auch Sie, mögen spontan zur Verneinung der Frage neigen. Sie haben zwar, hoffe ich, im Verlauf der bisherigen Lektüre erfahren, dass Philosophie nicht etwas Weltfremdes und lediglich Schöngeistiges zu sein braucht. Trotzdem könnten Sie Zweifel an ihrer Umsetzbarkeit in die harte wirtschaftliche Realität hegen. Vor allem drei Einwände könnten aufkommen:

1. Die *Umsetzbarkeit*. – Das mag ja alles schön und gut sein, aber solche Ideen lassen sich in einem Betrieb ganz einfach nicht verwirklichen.

2. Der *Nutzen*. – Und wenn sich Philosophie umsetzen lässt in einer Organisation, macht es denn auch Sinn? Ergeben sich für den Betrieb Vorteile daraus?

3. Die *Kosten*. – Philosophie im Unternehmen bedeutet, Zeit und Geld zu investieren. Eine Organisation ist in erster Linie ein ökonomisches Unternehmen, das einen Gewinn erwirtschaften oder eine Dienstleistung für die öffentliche Hand erbringen muss. Gerade in einer Zeit wirtschaftlicher Rezession können wir uns solche Steckenpferde nicht leisten.

Ich möchte Sie bitten, die drei Einwände vorderhand beiseite zu lassen. Am Schluss dieses Kapitels werde ich auf sie zurückkommen. Statt dessen möchte ich Ihnen auf den folgenden Seiten eine Reihe konkreter Massnahmen vorstellen, mit denen sich Philosophie im Unternehmen verwirklichen lässt. Diese Vorschläge halte ich für praktikabel, nützlich und im Endeffekt kostensenkend. Wenn Sie das Programm in die Tat umsetzen, können Sie damit – zusammen mit Ihren Mitarbeiterinnen und Mitarbeitern – eine neue Unternehmenskultur aufbauen. Dazu müssen allerdings drei Voraussetzungen erfüllt sein:

1. Sie müssen es wirklich *wollen*. Wenn Sie als Führungskraft nicht davon überzeugt sind, dass es Sinn macht, eine philosophische Unternehmenskultur wenigstens zu versuchen, sind die Erfolgschancen gering.

2. Sie müssen Ihr Unternehmen als *Organisation von Menschen* interpretieren. Ein Betrieb soll wirtschaftlich sein, er soll aber auch seinen Mitarbeiterinnen und Mitarbeitern die Befriedigung grundlegender Lebensbedürfnisse ermöglichen: Broterwerb, soziale Beziehungen, sinnvolle Arbeit. Wenn Ihnen das zweite nicht ebenso wichtig ist wie das erste, werden Sie wohl kaum Philosophie installieren wollen.

3. Sie müssen Ihre Aufgabe im *Führen von Menschen* sehen. Führen heisst, einem Unternehmen, einer Abteilung, einer Arbeitseinheit zu wirtschaftlichem Erfolg zu verhelfen. Führen heisst aber auch, ein Team von Menschen zur sinnvollen und sinnstiftenden und damit erfüllenden Zusammenarbeit anzuleiten. Wenn Sie nur das erste im Blick haben, macht Philosophie im Betrieb wenig Sinn.

1. Weiter philosophieren

Der erste Schritt zur Umsetzung philosophischer Grundsätze in die Praxis besteht darin, dass Sie selber am Ball oder, wie im Bergführer-Gleichnis: am Seil bleiben. Was Sie einmal gelesen und durchdacht haben, bleibt nicht zwangsläufig für immer haften. Halten Sie es darum fest und philosophieren Sie weiter:

1.1 *Kopieren* Sie die Diskursregeln und die «Philosophischen Werkzeuge», die im folgenden Kapitel als Kopiervorlagen zusammengestellt sind. Pinnen Sie die Kopien über Ihren Arbeitstisch. Was man täglich ansieht, wird immer wieder aufgefrischt und wachgehalten.

1.2 Kommen Sie nach einer gewissen Zeit, vielleicht nach einem Monat (Termin in die Agenda eintragen!), *auf dieses Buch zurück:* Blättern Sie es noch einmal durch, schauen Sie sich die «Denkpausen» und eventuell Ihre Notizen dazu wieder an. Stellen Sie fest: Was haben Sie umzusetzen versucht? Was ist gelungen? Was nicht? Warum nicht? Was sehen Sie inzwischen anders?

1.3 Überprüfen Sie Ihr *Führungsverhalten* nach einiger Zeit noch einmal, und zwar anhand des Führungsprofils in Kapitel 10. Wo schätzen Sie sich jetzt anders ein als bei der Erstlektüre des Buches? Wo möchten Sie sich anders einschätzen können?

1.4 Nehmen Sie sich *konkrete Ziele* vor, etwa um bestimmte Dinge in Ihrem Leben zu verändern. Überprüfen Sie periodisch den Erfolg. Seien Sie aber geduldig mit sich selber und überfordern Sie sich nicht mit allzu vielem. Gehen Sie Schritt für Schritt vor.

1.5 Lesen Sie weiter in *philosophischen Texten*. Das Literaturverzeichnis gibt Ihnen ein paar Anregungen. Die meisten Texte von Denkern aus der Tradition sind schwer zugänglich. Wenn Sie nicht gerade besonders begabt und besonders geschult sind, halten Sie sich eher an die einführenden und populärphilosophischen Texte.

2. Ein philosophisches Leitbild entwickeln

Sie haben sich durch die Lektüre dieses Buches mit Ihrem Leben denkerisch auseinandergesetzt. Sie haben sich mit Mitteln und Zwecken, mit Sinn und Glück, mit Freiheit, Zeit, Wahrheit und Weisheit in Ihrem Leben befasst. Warum sollen die Mitarbeiterinnen und Mitarbeiter diese Möglichkeit nicht erhalten? Warum sollen in Ihrem Betrieb, in Ihrer Abteilung nicht Arbeitsbedingungen geschaffen werden, die von philosophischen Einsichten geprägt sind? Warum soll sich die Kommunikation in Ihrer Organisation nicht an den Diskursregeln orientieren?

Zu einer solchen philosophischen Unternehmenskultur kann ein Leitbild wesentlich beitragen. Es macht für ein Unternehmen aus mehreren Gründen Sinn, ein Leitbild zu entwickeln – sofern es den Mitarbeiterinnen und Mitarbeitern nicht einfach von «oben» vorgegeben wird. Bereits der Prozess der Leitbildentwicklung bewirkt eine intensive Auseinandersetzung zwischen den Mitarbeitern. Die philosophischen Begriffe – Mittel und Zwecke, Werte, Sinn, Zeit und Freiheit –, also die Faktoren einer bewussten Lebensgestaltung, werden im Zentrum eines solchen Prozesses stehen. Dann fördert ein Leitbild aber auch die Solidarität zwischen den Mitarbeitern und ihre Identifikation mit dem Unternehmen. Drittens hält das fertige Leitbild das Bewusstsein für das Wesentliche und für die gemeinsamen Werte und Ziele wach, was ja erfahrungsgemäss im hektischen Arbeitsalltag sehr gern in Vergessenheit gerät. Und viertens schliesslich bildet ein Leitbild Kontrollinstrument und Massstab für die Praxis. An ihm können Arbeitsbedingungen, Klima und Unternehmenskultur jederzeit gemessen werden.

Also eine «Unternehmensphilosophie»? – Ja, aber neu, anders, als man dies kennt. Wenn ich vom philosophischen Leitbild eines Unternehmens spreche, habe ich nicht die «Unternehmensphilosophien», wie man sie kennt, im Auge: Nicht selten beschränken die sich nämlich aufs rein Wirtschaftliche und entbehren jeglicher philosophischer Vertiefung. Selbstverständlich gehören ins philosophische Leitbild eines Unternehmens auch wirtschaftliche Gesichtspunkte: Eine Gruppe von Menschen arbeitet zusammen, um bestimmte Güter gemeinsam zu produzieren, und zwar zu möglichst niedrigen Kosten und in einer möglichst hohen Qualität, und um diese Produkte auf dem Markt möglichst vorteilhaft und zur Zufriedenheit des Kunden zu verkaufen. Das muss auch in einem philosophischen Leitbild zum Ausdruck kommen. Darüber hinaus muss es aber die philosophischen Aspekte mindestens ebenso berücksichtigen: die Spielregeln des Diskurses und die Lebens- und Arbeitsgestaltung der Mitarbeiterinnen und Mitarbeiter und auch die der übrigen Partner im Markt (Kunden, Lieferanten usw.).

Das heisst, das philosophische Leitbild eines Unternehmens muss neben wirtschaftlichen Grundsätzen zweierlei enthalten:

2.1 *Inhaltlich:* Es muss den Mitarbeiterinnen und Mitarbeitern im Betrieb eine *sinnvolle, erfüllende Arbeit* ermöglichen, eine Arbeit, die beiträgt zu einem sinnvollen und gestalteten Leben. Das kann ein Leitbild natürlich nie garantieren, die Rahmenbedingungen dazu aber können in einem Unternehmen hergestellt werden.

2.2 *Formal:* Kommunikation spielt in fast jedem Unternehmen eine zentrale Rolle. Ein philosophisches Leitbild formuliert eine *Kommunikationskultur,* die sich an den Diskursregeln orientiert.

3. Die Diskursregeln institutionalisieren

Kommunikation spielt in jedem Unternehmen eine ganz zentrale Rolle. Ohne Kommunikation geht nichts, mit einer schlechten noch weniger. Wie in einem Unternehmen kommuniziert wird, zwischen den Mitarbeiterinnen und Mitarbeitern und gegenüber Aussenstehenden, charakterisiert die Unternehmenskultur zu einem überwiegenden Teil. Die Kommunikationskultur einer Organisation kann auch eine philosophische sein: Wenn sie nach den Regeln des Diskurses geschieht. Diese Regeln machen nicht nur in einem philosophischen Zusammenhang Sinn, sondern stehen jeder Kommunikation gut an. Wiederum ein paar Hinweise, wie Sie eine philosophische Gesprächskultur zu einem Bestandteil Ihrer Corporate Culture machen können:

3.1 *Führen* Sie die Diskursregeln bei Ihren Mitarbeiterinnen und Mitarbeitern *sorgfältig ein*, eventuell mit Hilfe eines Fachmanns. Kopieren Sie die Zusammenfassung im folgenden Kapitel und machen Sie sie sichtbar: in Büros, Konferenz- und Sitzungszimmern, Firmenzeitschriften usw.

3.2 *Halten Sie sich selbst an die Diskursregeln,* wenn Sie Ihre Führungsinstrumente einsetzen: bei Mitarbeitergesprächen, bei Qualifikationen und wenn Sie selber Sitzungen leiten.

3.3 Machen Sie Ihren Mitarbeiterinnen und Mitarbeitern beliebt, die Diskursregeln *als Leitlinie sachbezogener Gespräche* im Unternehmen anzuerkennen: in Sitzungen und Konferenzen, bei Projekt- und Teambesprechungen.

3.4 Halten Sie und Ihre Mitarbeiter sich auch dann an die Regeln des Diskurses, wenn Sie *mit Aussenstehenden* verhandeln: mit Kunden und Lieferanten, mit Vertragspartnern oder Besuchern. Es ist nämlich durchaus möglich, die Regeln auch einseitig zu befolgen. Wenn Sie nicht gerade einen besonders schwierigen oder abgefeimten Kommunikationspartner vor sich haben, wird er das grundsätzliche Wohlwollen sehr bald spüren, das mit den Regeln zum Ausdruck kommt, und sich seinerseits ähnlich verhalten.

4. Den Diskurs über Lebensfragen institutionalisieren

Der philosophische Diskurs lässt sich in einem Unternehmen aber noch auf einer anderen, der inhaltlichen Ebene einrichten. Sie können als Führungskraft nämlich auch Gefässe zur Verfügung stellen, um das Gespräch über die Fragen der vorangegangenen Kapitel unter Ihren Mitarbeiterinnen und Mitarbeitern zu pflegen. Selbstverständlich können Sie nicht jede Woche eine Sitzung über Wahrheits- und Sinnfragen veranstalten. Dennoch lohnt es sich, gelegentlich Zeit und Raum bereitzustellen, wo Sie sich mit Ihren Mitarbeitern auf solche Fragen besinnen.

4.1 *Fortbildungstage* und Workshops mit philosophischen Referenten könnten das Bewusstsein für Lebensfragen sensibilisieren und an die philosophische Unternehmenskultur erinnern.

4.2 Zusammen mit Ihren Mitarbeiterinnen und Mitarbeitern gilt es, periodisch zu *überprüfen*, ob die philosophischen Ansprüche des *Leitbildes* im betrieblichen Alltag noch erfüllt werden, ob die Arbeitsbedingungen und der Umgang der Menschen miteinander dem Leitbild noch entsprechen. Es genügt dabei nicht, dass nur Sie selber oder Ihr Kader diese Überprüfung vornimmt, es kommt auf alle Betroffenen an, also auch auf die Mitarbeiterinnen und Mitarbeiter, deren Urteil leicht anders ausfallen könnte als Ihr eigenes.

4.3 Nicht nur am Leitbild sollte die Unternehmenskultur periodisch gemessen werden, sondern auch an den *philosophischen Massstäben,* die in den vorangegangenen Kapiteln eingeführt wurden. Die Kriterien könnten etwa lauten: Stehen Mittel und Zwecke in unserem Betrieb in einem vernünftigen Verhältnis? Verfügen wir über ein gemeinsames Wertsystem, an dem sich das unternehmerische und produktive Handeln ausrichtet? Wird das Glück (als Zufriedenheit) der Mitarbeiter im Betrieb gefördert oder verunmöglicht? Bestehen genügend Freiräume für die Menschen in der Organisation? Wie gehen die Menschen im Unternehmen mit der Zeit um? Herrscht Diskursbereitschaft? Führen wir beziehungsweise werden wir geführt nach dem Leitgedanken des Kategorischen Imperativs?

4.4 Ein besonders mutiger und kritikfähiger Unternehmer könnte gar die Einrichtung einer *philosophischen Ombudsstelle* ins Auge fassen, nicht eine Klagemauer, sondern ein Ort, an dem philosophische Anliegen und Verbesserungsvorschläge deponiert werden können.

5. Eine Fachperson für philosophische Organisationsentwicklung beiziehen

Das alles ist möglich, aber nicht einfach. Vieles können Sie, vielleicht mit der Unterstützung von Vertrauten, von Ausbildungsverantwortlichen und Personalentwicklern, in Ihrem Betrieb umsetzen. Denn bei der Entwicklung einer neuen Unternehmenskultur sind nicht nur Führungs-, sondern auch Ausbildungskompetenzen nötig. Geht es dabei auch noch um philosophische Fragen, wäre eine in der Philosophie geschulte Person als Organisationsentwicklerin sehr hilfreich. Ihre Aufgabe wäre es, Sie bei der Entwicklung der neuen Corporate Culture zu beraten, die Mitarbeiterinnen und Mitarbeiter mit Philosophie vertraut zu machen, den Prozess zu begleiten und das Unternehmen bei der Erfolgskontrolle zu unterstützen.

Umsetzbarkeit – Nutzen – Kosten

Ein ganzes Bündel von Massnahmen. Ist das nicht des Guten zuviel? Lohnt es sich? Und die Kosten? – Ich greife die drei Einwände wieder auf, die ich am Anfang des Kapitels erwähnt habe.
1. Die *Umsetzbarkeit*. – Mit dem Massnahmenkatalog für eine philosophische Corporate Culture hoffe ich, Ihnen gezeigt zu haben, dass philosophische Einsichten durchaus umgesetzt werden können in den betrieblichen Alltag, dass sehr viel möglich ist. Einiges mag Ihnen nicht einleuchten, Verschiedenes nicht praktikabel und wieder anderes schauen Sie als wenig wirksam an. Dennoch finden Sie mit Sicherheit wenigstens einzelne Ideen, die Sie in Ihrem Bereich verwirklichen können.

2. Der *Nutzen*. – Dass eine Unternehmenskultur für den Erfolg einer Organisation von ausschlaggebender Bedeutung ist, vor allem in Dienstleistungsbetrieben, muss heute nicht mehr nachgewiesen werden. Gerade eine Orientierung an philosophischen Gesichtspunkten und Werten kann einem Unternehmen ein neues Profil geben, das nach innen und nach aussen ausstrahlt. Philosophie holt die Menschen dort ab, wo sie sich im tiefsten angesprochen fühlen: bei den grundlegenden Bedürfnissen und Ansprüchen ihres Lebens. Philosophie, das haben Sie in diesem Buch erfahren, hat es wesentlich mit Sinn zu tun. Wo die Sinnfrage ins Zentrum gestellt wird, fühlt sich der Mensch angesprochen, tritt er in den Dialog ein, ist er bereit zu Kooperation und Leistung. Und wenn ein solcher Geist ein Unternehmen prägt, kann das nach aussen nicht verborgen bleiben: Die philosophische Corporate Identity eines solchen Betriebs wird auch für die Partner im Markt sichtbar.

3. Die *Kosten*. – Damit ist auch die Kostenfrage angesprochen. Selbstverständlich ist eine Organisationsentwicklung nicht gratis zu haben. Doch die Investition lohnt sich. Zufriedenheit der Mitarbeiter, Identifikation mit dem Betrieb, Motivation zur Leistung, ein profiliertes Image der Unternehmung sind Faktoren, die man gar nicht hoch genug einschätzen kann – auch und gerade als Kostenfaktoren. Philosophie will den einseitigen Blick auf das Wirtschaftliche korrigieren, will andere Werte ins Spiel bringen als bloss den materiellen Gewinn. Und dennoch, das ist meine Überzeugung, wird sie auf lange Sicht auch diesen materiellen Gewinn nicht schmälern.

Sie kennen die Erfahrung: Man liest ein Buch, findet viel Wissenswertes und Brauchbares darin, ist vielleicht davon begeistert und nimmt sich im besten Fall sogar konkrete Massnahmen vor. Doch im Moment ist anderes wichtig, man legt das Buch vorderhand auf den Pendenzenberg, einige Zeit später haben sich andere Dringlichkeiten darauf gelagert, und schon bald ist die neue Theorie vergessen. Wenn Sie also die philosophischen Einsichten umsetzen wollen, beginnen Sie jetzt damit!

1. Bitte überlegen Sie: Sind Sie überzeugt von den Vorschlägen dieses Kapitels? Wollen Sie den Weg in Richtung philosophische Unternehmenskultur in Ihrem Betrieb gehen?
2. Wenn ja: Welche Massnahmen scheinen Ihnen für Ihren Betrieb, Ihre Abteilung sinnvoll?
3. Erstellen Sie einen Massnahmenkatalog (ausgehend von den Vorschlägen dieses Kapitels), legen Sie Termine und Aufgaben in Ihrer Agenda fest, kontaktieren Sie heute oder morgen die Personen, mit denen zusammen Sie anfangen wollen.

12. Philosophische Werkzeugkiste

Die Spielregeln des Diskurses

1. Im vernunftgeleiteten Gespräch zählt das bessere Argument.

2. Das Ziel ist der Konsens.

3. Jeder kann teilnehmen.

4. Kooperation heisst: Gutwilligkeit und Wahrhaftigkeit.

5. Die Beiträge müssen verständlich und logisch korrekt sein.

6. Es gibt keine Dogmen und Tabus.

7. Offenkundige Tatsachen werden anerkannt.

8. Begriffe müssen geklärt werden.

9. Unterschiedliche Sichtweisen werden integriert.

10. Das Resultat muss verantwortet werden können.

11. Es zählt der Mensch als ganzer.

12. Das Bestmögliche wird versucht.

Die Werkzeuge

Sie haben in diesem Buch eine Reihe von «philosophischen Werkzeugen» kennengelernt: Begriffe, Gedanken, Modelle, Thesen. Wie wenden Sie diese Werkzeuge an? Die «Denkpausen» haben Ihnen dazu schon Hinweise gegeben, jedenfalls für Ihr persönliches Leben. Doch wie benutzen Sie die Werkzeuge in Ihrem beruflichen Alltag? Wie können das auch Ihre Mitarbeiterinnen und Mitarbeiter tun?

Das ist gar nicht so leicht. Am besten geht es, wenn Sie die Werkzeuge als Fragen einsetzen. In der folgenden Liste werden noch einmal alle «philosophischen Werkzeuge» aufgeführt. Gleichzeitig werden aber auch entsprechende Fragen formuliert, die Ihnen den Gebrauch der Werkzeuge ermöglichen. Die Begriffe und Gedanken werden gewissermassen operationalisiert, damit sie konkret einsetzbar sind: Die Messer und Hobel werden geschliffen, die Schraubzwingen eingestellt und die Waagen justiert.

Es macht Sinn, im Alltag mit einigen ganz wenigen Fragen, vielleicht sogar nur mit einer einzigen zu beginnen. Wählen Sie die aus, die Ihnen am wichtigsten erscheint. Tragen Sie sie einige Zeit mit sich herum. Stellen Sie sich die Frage immer wieder, vor allem in schwierigen Situationen. Erinnern Sie sich an die Frage in Sitzungen, vor und bei wichtigen Gesprächen, in einer Entscheidungssituation. Messen Sie Ihr Handeln und das Ihrer Mitarbeiter daran. Wühlen Sie also in der Kiste, und wählen Sie dann gezielt ein Werkzeug aus.

Falls Sie eine philosophische Unternehmenskultur aufbauen wollen, müssen die Beteiligten selber die Schwerpunkte setzen, die Werkzeuge auswählen, mit denen sie arbeiten wollen. Und diese Auswahl, versteht sich, geschieht selbst nach den Spielregeln des Diskurses.

1. Philosophie als Diskurs

⚒ Philosophieren kann man über alles, was entweder wahr oder falsch, aber noch nicht entschieden ist.	→	Worüber reden wir: über eine Tatsache, über eine Geschmacksfrage – oder über eine Mutmassung?
⚒ Philosophie heisst Diskurs: das vernunftgeleitete Gespräch zwischen freien Menschen mit dem Ziel, der Wahrheit möglichst nahe zu kommen oder zumindest einen Konsens zu finden.	→	Ist unser Gespräch ein Diskurs: • vernunftgeleitet • frei • konsensorientiert?
⚒ Philosophie als Wissenschaft unterscheidet sich von «Philosophie» im umgangssprachlichen Sinn durch die Spielregeln des Diskurses.	→ →	Halten wir uns an die Diskursregeln? Welche ist mir am wichtigsten?
⚒ Die Einzelwissenschaften definieren sich durch ihren Gegenstandsbereich – Philosophie versucht das Ganze im Blick zu behalten.	→	Haben wir das Ganze im Blick?

⚒ Philosophie ist das Repertoire an Gedanken, das Philosophen schriftlich hinterlassen haben – Philosophieren ist die eigene Auseinandersetzung mit philosophischen Fragen.

- ➤ Ist unsere Frage neu?
- ➤ Wer hat darauf schon Antworten gegeben?
- ➤ Setzen wir uns mit der Frage wirklich auseinander?

2. Philosophie für Führungskräfte

⚒ Tugend («Schlüsselqualifikation») heisst zweierlei: eine Technik zur Problemlösung und eine dahinterstehende Haltung. Eines nützt ohne das andere wenig.

- ➤ Beherrschen wir eine Technik zur Problemlösung?
- ➤ Stehe ich mit der richtigen Haltung dahinter?

⚒ Man kann nicht «Philosophie», sondern nur philosophieren lernen.

- ➤ Denke ich selber?
- ➤ Will ich schon wissen, oder mache ich mich auf den Weg?

3. Mittel und Zwecke

⚒ Kausal begründen heisst etwas als Wirkung aus seinen Ursachen erklären. Final begründen heisst etwas als Mittel zu einem Zweck rechtfertigen.

➤ Begründe ich mit Sachzwängen, oder setze ich selber Zwecke?

⚒ Mittel ist, was man um eines Zweckes willen einsetzt; Zweck ist das, um dessentwillen das Mittel eingesetzt wird.

➤ Welches sind meine Zwecke?

➤ Setze ich die richtigen Mittel dazu ein?

4. Sinn

⚒ Ein Wert ist die akzeptierte und verinnerlichte Vorstellung von etwas, das gewünscht, erstrebt, anerkannt oder verehrt wird.

➤ Um welche Werte geht es mir wirklich?

➤ Was wünsche und erstrebe ich?

⚒ Sinn macht eine Handlung dann,
1. wenn sie als Mittel einem be-

➤ Ist mein Handeln das geeignete Mittel zum richtigen Zweck?

stimmten Zweck dient und
2. wenn dieser selbst als wertvoll erachtet wird.

⚒ Der Sinn des Lebens wird sichtbar, wenn ich mir die Werte bewusst mache, um derentwillen ich lebe. Diese Werte kommen dann zum Vorschein, wenn ich frage, worauf ich nicht verzichten will.

→ Worauf will ich nicht verzichten?

5. Glück

⚒ Das Glück als Zufriedenheit mit seinem Leben hat Vorrang gegenüber dem rauschhaften Glück des Augenblicks und dem Glück des günstigen Zufalls.

→ Dient mein Handeln dem Glück des Augenblicks oder der dauerhaften Zufriedenheit?

⚒ Glück ist kein Zweck, der um seiner selbst

→ Will ich das Glück erzwingen?

willen erstrebt werden könnte. Vielmehr ist es eine Begleiterscheinung zu einem Gelingen. Lebensglück kann sich einstellen – als Nebenprodukt des gelungenen, des «geglückten», des sinnvollen Lebens.	→	Was gelingt mir?

6. Freiheit

⚒ Wahlfreiheit heisst, zwischen Alternativen unterscheiden zu können (Freiheit *zwischen*). Handlungsfreiheit heisst, keinen Zwängen zu unterliegen (Freiheit *von*). Willensfreiheit heisst, ethischen Zielen gemäss zu handeln (Freiheit *zu*).	→ → →	Welche Alternativen habe ich? Warum zögere ich? Was ist ethisch richtig?
⚒ Die (Handlungs-) Freiheit des Menschen	→	Ich bin frei!

ist keine Tatsachenfrage, sondern ein moralisches Postulat.

⚒ Der Mensch ist, wozu er sich macht.	→ Wer bin ich?
⚒ Der Mensch ist zur Freiheit verurteilt.	→ Wo muss ich entscheiden, auch wenn ich nicht möchte?
⚒ Freiheit schliesst Verantwortung ein.	→ Welche Konsequenzen hat mein Handeln?

7. Zeit

⚒ Die objektive (quantitative) Zeit ist eine unendliche, leere Abfolge von Jetzt-Punkten nach dem Prinzip von «früher» und «später». Subjektive (qualitative) Zeit ist die endliche, erfüllte Zeitwahrnehmung in der Einheit von Vergangenheit, Gegenwart und Zukunft.	→ Was bestimmt meine Planung: die Uhr oder die Lebensqualität?

⚒ Die subjektive Zeit ist die primäre Zeiterfahrung des Menschen. Ihr gemäss leben heisst sich ihrer Endlichkeit bewusst sein, heisst Todesbewusstsein.

→ Bin ich eben im Begriff, die nächste Stunde meines Lebens zu vergeuden?

⚒ Mit dem knappen Gut Zeit richtig umgehen heisst:

→ Nach welchen Kriterien setze ich Prioritäten?

- Prioritäten setzen nach dem Kriterium des geglückten Lebens
- die Zeit nicht mit dem Geld koppeln, sondern mit der Lebensqualität
- aus der Aufgabenfülle delegieren
- die Lebensbilanz so ausgeglichen halten, dass Sie jederzeit abschliessen können.

→ Messe ich die Zeit am Geld oder an meinem Leben?

→ *Muss* ich für diese Aufgabe *meine* Zeit einsetzen? Könnte ich jetzt abschliessen?

8. Wahrheit

⚒ Wahrheit ist die Übereinstimmung von Sein und Denken.

→ Worauf stütze ich mich bei diesem Gedanken?

⚒ Wahr ist ein Satz dann, wenn der Sachverhalt zutrifft, den er ausdrückt.	→	Worauf stütze ich mich bei meiner Aussage?
⚒ Untrüglich wahr sind nur Einsichten, an denen ein begründeter Zweifel nicht denkbar ist.	→	Kann man daran wirklich nicht zweifeln?
⚒ Mit dem Vorläufigen leben heisst handeln,	→	Welche Fehler sind mir heute unterlaufen?
aber gleichzeitig:	→	Was habe ich heute gelernt?
• sich der eigenen Fehlbarkeit bewusst sein	→	Welche neue Ansicht habe ich heute kennengelernt?
• zum Umlernen bereit sein	→	Mit wem habe ich heute einen wirklichen Diskurs geführt?
• sich mit andern Ansichten auseinandersetzen		
• diskursbereit sein.		

9. Weisheit

⚒ Weise erscheint uns, wer	→	Was ist das Wesentliche in meinem Leben?
• um das Wesentliche im Leben weiss	→	Lebe ich auch danach?
• dieses Wissen auch lebt	→	Wo möchte ich mich verbessern?
• nach Vervollkommnung strebt	→	Merkt man mir das an?

- und dies alles auch ausstrahlt.

⚒ Ich wünsche mir die Kraft, die Dinge zu verändern, die ich ändern kann –	→	Kann ich das Veränderbare vom Unveränderbaren unterscheiden?
	→	Packe ich das Veränderbare an?
und die Gelassenheit, die Dinge zu ertragen, die ich nicht ändern kann –	→	Kann ich mich über das Unabänderliche stellen?
und die Weisheit, das eine vom andern zu unterscheiden.		

10. Führung

⚒ Handle so, dass du zugleich wollen kannst, dass deine Handlungsregel zum allgemeingültigen Gesetz wird!	→	Was wäre, wenn alle so handeln würden wie ich gerade jetzt?
⚒ Behandle einen anderen Menschen immer als Zweck, nie als blosses Mittel!	→	Sehe ich den andern mit meinen oder mit seinen eigenen Augen?

✳ Führen Sie Ihre Mitar- → Tue ich das?
beiter so, wie Sie selber
geführt werden möchten!

✳ Behandeln Sie Ihre Mit- → Sehe ich meinen Mitarbeiter
arbeiter immer als Zwek- mit meinen oder mit seinen
ke, nie als blosse Mittel! eigenen Augen?

Massnahmen für eine neue Unternehmenskultur

1. Weiter philosophieren
1.1 Diskursregeln und philosophische Werkzeuge sichtbar plazieren
1.2 Auf das Buch zurückkommen
1.3 Das Führungsverhalten überprüfen
1.4 Sich konkrete Ziele stecken
1.5 Weitere philosophische Texte lesen

2. Ein philosophisches Leitbild entwickeln
2.1 Inhaltlich: eine sinnvolle, erfüllende Arbeit ermöglichen
2.2 Formal: eine Kommunikationskultur nach Diskursregeln anstreben

3. Die Diskursregeln institutionalisieren
3.1 Die Diskursregeln sorgfältig einführen
3.2 Sich beim Führen selbst an die Diskursregeln halten
3.3 Die Diskursregeln in Sitzungen als Leitlinie festsetzen
3.4 Die Diskursregeln gegen aussen einhalten

Literatur

Dieses Literaturverzeichnis ist in drei Teile gegliedert: Zuerst werden die (ausserphilosophischen) Texte nachgewiesen, die am Anfang der einzelnen Kapitel stehen. Sodann folgt die Liste der philosophischen Quellentexte, denen die in diesem Buch vorgestellten Gedanken entstammen. (Für Nicht-Philosophen am leichtesten lesbar sind Sartre und Seneca.) Ich weise die Textstellen nicht wissenschaftlich nach, da ich sie in der Regel nicht wörtlich zitiert, sondern in meiner Sprache resümiert habe. Schliesslich folgt eine kommentierte Liste von leserfreundlichen und gut verständlichen Büchern ganz unterschiedlicher Art: Philosophiegeschichten, Autorenporträts, Nachschlagewerke u. a. Sie alle vermitteln dem Laien einen Zugang zur Philosophie.

1. Textnachweise

Böll, Heinrich: *Anekdote zur Senkung der Arbeitsmoral; in: H. B.: Aufsätze, Kritiken, Reden, Kiepenheuer & Witsch, Köln und Berlin 1967, S. 464–466*

Frisch, Max: *Fragebogen; in: Tagebuch 1966–1971, Gesammelte Werke in zeitlicher Folge, Bd. 11, Suhrkamp, Frankfurt a. M. 1976, S. 7–9*

Brüder Grimm: *Hans im Glück; in: Kinder- und Hausmärchen,* *Bd. 1, Reclam, Stuttgart 1980, S. 407–413*

Milgram, Stanley: *Die Problematik des Gehorsams; aus: S. M.: Das* *Milgram-Experiment, deutsch: Roland Fleissner, Copyright © 1974 by* *Rowohlt Verlag GmbH, Reinbeck, S. 18–22*

Hebel, Johann Peter: *Unverhofftes Wiedersehen; in J.P.H.: Schatz-* *kästlein des Rheinischen Hausfreundes, Goldmann, München 1978, S.* *201–203*

Brecht, Bertolt: *Leben des Galilei; in: B. B.: Gesammelte Werke,* *Suhrkamp, Frankfurt a. M. 1967 (zit. nach: Lizenzausgabe für den* *Buchclub Ex Libris Zürich, Bd. 3, S. 1235)*

Machiavelli, Niccolò: *Der Fürst, deutsch: Ernst Merian-Genast,* *Reclam, Stuttgart 1961, S. 101f., 103– 105*

Manz, Hans: *Erfolgsfaktor Mensch, mvg, München/Landsberg am* *Lech 1993, S. 91–96*

2. Philosophische Quellentexte

Apel, Karl-Otto: *Das Apriori der Kommunikationsgemeinschaft und* *die Grundlagen der Ethik, in: K.-O. A.: Transformation der Philoso-* *phie, Bd. 2, Frankfurt a. M. 1973, S. 358–435*

Apel, Karl-Otto; *Diskurs und Verantwortung. Das Problem des* *Übergangs zur postkonventionellen Moral, Frankfurt a. M. 1988*

Aristoteles: *Metaphysik, 2 Bde., Hamburg 2/1982 84*

Aristoteles: *Nikomachische Ethik, Hamburg 1985*

Descartes, René: *Meditationen über die Grundlagen der Philosophie, Hamburg 1960*

Habermas, Jürgen: *Diskursethik – Notizen zu einem Begründungsprogramm. in: J.H.: Moralbewusstsein und kommunikatives Handeln, Frankfurt a. M. 1983, S. 63–126*

Heidegger, Martin: *Sein und Zeit, Tübingen 1979*

Kant, Immanuel: *Kritik der reinen Vernunft, Werke in zwölf Bänden, Bde. III und IV, Frankfurt a. M. 1968*

Kant, Immanuel: *Grundlegung zur Metaphysik der Sitten, Werke in zwölf Bänden, Bd. VII, Frankfurt a. M. 1968*

Sartre, Jean-Paul: *Ist der Existentialismus ein Humanismus? in: J.-P. S.: Drei Essays, Frankfurt a. M. 1977*

Seneca: *Vom glückseligen Leben und andere Schriften, Stuttgart 1977*

3. Weiterführende Literatur

Bubner, Rüdiger (Hg.): *Geschichte der Philosophie in Text und Darstellung, 8 Bde., Reclam, Stuttgart 1978–81*

Eine umfangreiche Sammlung von Auszügen aus den wichtigsten Texten der Philosophiegeschichte, mit einleitenden Kommentaren zu Epochen, Autoren und Werken, geeignet, um sich erstmals an Originaltexte heranzuwagen.

Gaarder, Jostein: *Sophies Welt. Roman über die Geschichte der Philosophie, Hanser, München Wien 1993*

Philosophiegeschichte, integriert in einen Roman, die Story selber ist eher für Heranwachsende gedacht, die philosophiegeschichtlichen Dialoge sind aber didaktisch ausgezeichnet.

Helferich, Christoph: *Geschichte der Philosophie. Von den Anfängen bis zur Gegenwart und Östliches Denken, Metzler, Stuttgart 1985 ff.*

Gut lesbare Philosophiegeschichte, verbindet das Werk der Philosophen mit ihrer Biographie und Epoche, viele Illustrationen.

Jaspers, Karl: *Einführung in die Philosophie, Artemis, München 1953 ff.*

Aus einer Radio-Vortragsreihe entstanden, führt Laien verständlich in die grossen Fragestellungen der Philosophie ein.

Kunzmann, Peter; *Burkard, Franz-Peter; Wiedmann, Franz: Dtv-Atlas zur Philosophie, Tafeln und Texte, dtv, München 1991*

Erklärt die wichtigsten Werke und Denkgebäude der Philosophen mit farbigen Grafiken, Schaubildern und Zeichnungen, die ergänzt werden durch kurze Texte, als Nachschlagewerk sehr brauchbar.

Kwiatkowski, Gerhard: *Schülerduden. Die Philosophie, Bibliographisches Institut, Mannheim 1985*

Ein Sachlexikon, erläutert die philosophischen Begriffe historisch und systematisch, die Artikel sind knapp und dicht geschrieben, nicht ganz leicht lesbar, aber sehr geeignet als Nachschlagewerk.

Müller-Merbach, Heiner: *Philosophie-Splitter für das Management. 16 praktische Handreichungen für Führungskräfte, DIE-Verlag, Bad Homburg 1995*

Stellt einzelne Gedanken berühmter Philosophen vor und erörtert ihre praktische Konsequenz für Führungskräfte, leicht lesbar.

Nagel, Thomas: *Was bedeutet das alles? Eine ganz kurze Einführung in die Philosophie, Reclam, Stuttgart 1990*

Führt tatsächlich, wie der Titel verspricht, ganz kurz und doch gut verständlich in die grossen Fragen der Philosophie ein, gibt eher Argumente als abschliessende Antworten.

Weimer, Alois / Weimer, Wolfram (Hg.): *Mit Platon zum Profit. Ein Philosophie-Lesebuch für Manager, Frankfurter Allgemeine Zeitung, Frankfurt a. M. 1995*

Eine Sammlung von kurzen Texten oder Auszügen, geschrieben von Philosophen, Schriftstellern und Wissenschaftlern, gruppiert nach philosophischen Begriffen, die für Manager relevant sind.

Weischedel, Wilhelm: *Die philosophische Hintertreppe. 34 grosse Philosophen in Alltag und Denken, dtv, München 1975 ff.*

34 Porträts der grossen Philosophen, stellt Biographie und Werk vor und zeigt hervorragend, wie beides zusammenhängt, ein Klassiker.

Wuchterl, Kurt: *Lehrbuch der Philosophie. Probleme – Grundbegriffe – Einsichten, UTB, Haupt, Bern 1986*

Führt in die wichtigsten vier Teildisziplinen der Philosophie (Anthropologie, Erkenntnistheorie, Ethik und Metaphysik) ein und stellt die jeweils wichtigsten Lösungsvorschläge in diesen Bereichen vor, sehr informativer Anhang (Literatur, Problemskizzen, Übersichten).

Störig, Joachim: *Kleine Weltgeschichte der Philosophie, Fischer, Frankfurt a. M. 1969 ff.*

Ziemlich umfassende Darstellung der Philosophiegeschichte, mit guter Auswahl und Gewichtung, was die Philosophie bis etwa Mitte des 20. Jahrhunderts betrifft, ein Klassiker.

Biographische Notiz

Richard Egger, 1955, studierte Germanistik, Philosophie und Geschichte an der Universität Zürich. Dissertation im Grenzbereich Literatur/Philosophie. Anschliessend Mittelschullehrer für Deutsch und Philosophie. Seit 1995 freiberuflich als Ausbilder und Berater in Unternehmen, NPOs, Verbänden und Schulen. Arbeitsschwerpunkte: Philosophie, Rhetorik und Kommunikation, Sprach- und Schreibschulung. Verheiratet und Vater einer Tochter. Lebt in Steinhausen/Zug, Schweiz.

Dieser Band ist als Dialog-Buch konzipiert: Es ist entstanden aus den zahllosen Dialogen, die der Autor in Beruf und Privatleben führen durfte; es lädt Sie als Leserin oder Leser zum Dialog mit dem Autor und den grossen Denkern ein; und der Autor freut sich über jede Rückmeldung zu diesem Buch an folgende Anschrift:

Dr. Richard Egger
Unternehmensberatung
Zürcherhofstr. 3
CH-6312 Steinhausen

Die Natur – eine universelle Ordnungsidee

Arnold Weissman/Joachim Feige
Sinnergie
Wendezeit für das Management
266 Seiten, gebunden
Fr. 53.–/DM 58.–/öS 423.–
ISBN 3 280 02607 5

Es gibt nur zwei Ursachen für Veränderung: Lust oder Leid. Jede Veränderung bedeutet auch eine Verletzung, es braucht deshalb entweder den Sog der Lust, der Vision, des Sinns oder es ist der Leidensdruck, der die Veränderung erzwingt.

Wirkliche Veränderung kann nicht durch die Flut von Managementmodellen ausgelöst werden. Wir müssen uns wieder an natürlichen Prinzipien mit ihren intelligenten Symbiosen orientieren. Die Autoren bringen diesen Grundgedanken in das Bewusstsein von Unternehmern und Führungskräften.

Orell Füssli Verlag

Innovation gewinnt

Roland Müller
Innovation gewinnt
Kulturgeschichte und
Erfolgsrezepte
256 Seiten, broschiert
Fr. 58.–/DM 68.–/öS 496.–
ISBN 3 280 02609 1

Viele Innovationen erfolgen überstürzt, kurzsichtig, ja blind. Daher brauchen verantwortungsbewusste Unternehmer ein tieferes Verständnis für das «Durchsetzen von neuen Kombinationen».

Der Autor zeigt aus verschiedenen Blickwinkeln, dass ohne periodische Innovationen die Menschheit gar nicht überlebt hätte. Er gibt eine Fülle von Anregungen und präzise Anleitungen, wie Neuerungen methodisch gefunden und wirkungsvoll durchgesetzt werden.

**Eine Kooperation von Orell Füssli
und Industrielle Organisation**